Les identités nationales

Les identités nationales

Histoire des nationalités et influence des langues

Auteurs dont les travaux ont contribué à cette collection :

Michel Bréal
Elisée Reclus

Editions Le Mono
Collection «*Les Pages de l'Histoire*»

Connaître le passé peut servir de guide au présent et à l'avenir.

© Editions Le Mono

ISBN : 978-2-36659-360-0
EAN : 9782366593600

La question des nationalités [1]

L'idée de la nationalité fait son entrée dans le monde en 1848. Comme on pourrait l'imaginer, elle a un rapport étroit avec l'avènement de la démocratie.

Quand on vit pour la première fois les idées de nationalité liée aux langues se manifester dans la capitale de l'Autriche, une lettre pastorale du synode de Vienne du 17 juin 1849 les dénonça comme un reste de paganisme, et expliqua la différence des langues comme une conséquence du péché. D'autre part, dans l'ancienne société, on appartenait à sa caste autant qu'à son pays. Souvent les classes supérieures parlaient une autre langue que le peuple : princes, courtisans, officiers, savants, changeaient de pays sans avoir besoin pour cela de changer de langue. Le peuple, pendant ce temps, gardait les vieilles traditions sans beaucoup s'inquiéter de ce qui se passait à côté ou au-dessus de lui. Les choses ont maintenant changé. Avec la presse, avec les

---

[1] Voir *Le Langage et les nationalités*, de Michel Bréal.

parlements, avec la conscience plus complète de l'unité politique, l'idée d'un idiome national ne pouvait manquer de se produire. L'idée une fois adoptée pour soi-même, il n'y avait pas loin à vouloir en faire l'application aux autres. Il y a donc un lien incontestable entre le « principe de nationalité » et le mouvement démocratique des sociétés modernes.

Quelle est l'histoire des nationalités et quel est l'impact des langues dans la question de l'identité nationale ?

L'histoire des Nationalités [2]

La Révolution de 1848 qui a conduit à la proclamation de la seconde république en France, mérite d'être mise en relief parmi les événements du dix-neuvième siècle. Si les résultats apparents en furent peu durables, du moins en France d'où était partie l'étincelle de l'incendie, si le renversement du trône représentatif de la bourgeoisie française aboutit en moins d'une année au rétablissement d'un état de choses qui, en fait, était l'empire napoléonien, cette secousse a cependant eu lieu à une période où le monde se trouvait dans une situation d'équilibre très instable. Elle se propagea rapidement de royaume en royaume jusqu'aux extrémités de la terre. Jamais la solidarité consciente ou inconsciente des peuples ne s'était manifestée d'une manière plus évidente ; jamais on n'avait mieux senti que la vie de l'humanité civilisée battait suivant le même rythme. Le

---

[2] Basé sur les travaux d'Elisée Reclus, Les Nationalités (dans *L'homme et la terre*).

roi Louis Philippe avait à peine débarqué en Angleterre, où tant de républicains chassés par lui l'avaient précédé sur cette terre d'exil, que le vieux Metternich, génie vivant de la contre-révolution européenne, vint le rejoindre, et, bientôt après, le roi de Prusse devait humblement comparaître devant son peuple de Berlin et lui demander, tête découverte, pardon d'avoir forfait à ses obligations de souverain constitutionnel.

Par contre-coup, l'Allemagne et les provinces non germaniques gravitant autour d'elle se trouvèrent beaucoup plus profondément ébranlées que la France : dans ce dernier pays, la question de l'unité nationale n'avait plus à être discutée, personne n'agitait l'idée de fédération, tandis que le vœu universel de tous les Allemands se portait vers la constitution d'une grande patrie soustraite à la domination et à la rivalité jalouse des Etats recteurs, l'Autriche et la Prusse. Le chaos que l'on appelait la « confédération germanique » avait été brouillé à plaisir par ces deux « mauvais bergers » et par les divers princes et principicules entre lesquels était partagé l'empire. L'ensemble des domaines se compliquait d'enclaves et d'esclaves entremêlées, qui faisaient du labyrinthe des Etats et de leurs dépendances proches ou lointaines un dédale connu seulement de quelques spécialistes. Le manque d'unité politique déterminée avait eu pour conséquence la formation d'un très grand nombre de petits centres, de foyers indépendants, qui maintenaient son caractère original à chaque partie de la contrée ; mais les lignes de partage entre les divers Etats restaient indistinctes, confuses, sans aucune précision. Néanmoins, à quelque petite principauté que l'on appartint, et que l'on vécût en paix, en rivalité ou en guerre, la nationalité allemande n'en restait pas moins fixée par la langue originaire : le Bavarois se savait Allemand comme le Saxon, l'Autrichien du Danube n'était pas moins Germain que le Westphalien de la Ruhr ou de la Weser.

Une fois toutes les anciennes limites géographiques effacées par les voies de communication et les grandes concentrations urbaines, il se trouva que l'Allemagne était naturellement, dans son essence même, beaucoup plus unie que les pays voisins artificiellement unifiés.

L'ensemble, malgré ses divisions, présente un corps plus spontanément national que la France elle-même, de la Bretagne à la Provence et de la Flandre lilloise au pays Basque. L'extrême diversité politique des Etats allemands pouvait donner le change sur ce fait de l'unité profonde des populations, mais le premier acte de la révolution générale fut de proclamer cette unité du monde germanique. A cet égard, le mouvement populaire se rapprocha de l'œuvre désirée beaucoup plus que ne le fit plus tard l'empire allemand reconstitué. D'après la constitution que vota d'enthousiasme le « parlement préparatoire » de Francfort, tous les Etats de langue allemande s'unissaient par un lien fédéral et se faisaient représenter à Francfort par une assemblée issue du suffrage universel ; l'indigénat appartenait de droit dans chaque partie de l'Allemagne aux natifs de tous les Etats ; toutes les douanes intérieures étaient supprimées ; les monnaies, les poids, les mesures devenaient communs, l'armée et la flotte devaient relever désormais de la grande patrie. Il est vrai que ces décisions ne furent point sanctionnées par la réalité : elles ne donnèrent lieu qu'à un vain décor, car les révolutions s'y reprennent à deux fois et n'atteignent le but que par des voies détournées.

En même temps que les Allemands, les diverses nationalités opprimées par le royaume de Prusse ou par l'empire d'Autriche, Tchèques, Polonais, Ruthènes, Slovènes et Slovaques, Croates, Italiens et Roumains, enfin et surtout les Magyars revendiquaient leur indépendance avec ardeur. Mais les sentiments s'entremêlent parfois de façon bizarre, et ceux-là mêmes qui se plaignaient le plus âprement de l'injustice commise envers eux par des oppresseurs trouvaient tout naturel de se faire obéir par des populations d'autres races et d'autres langues. Les plus zélés patriotes, qui poussaient à la révolte des habitants germaniques du Holstein et du Schleswig, s'indignaient contre les prétentions de Danois, de Polonais ou de Bohémiens voulant se libérer du joug allemand.

Précisément alors les populations slaves se reposaient d'une effroyable guerre civile. Tandis que les Polonais de la Poznanie essayaient sans succès de soulever les paysans pour la reconquête de leur indépendance nationale, les paysans de la Galicie, d'origine ruthène, s'étaient armés de leurs faux pour courir sus aux seigneurs polonais, haïs comme propriétaires, et l'on évalue à deux milliers le nombre des nobles et des prêtres qu'ils auraient massacrés. La domination de la Prusse et de l'Autriche sur les provinces polonaises annexées se consolidait d'autant plus que des haines traditionnelles divisaient les sujets. Grâce à ces dissensions locales, le gouvernement autrichien avait pu supprimer l'autonomie politique de la république de

Cracovie, dernier débris de ce qu'avait été le puissant Etat de la Pologne (1846).

En Autriche, en Hongrie, dans la Slavie du sud se produisirent des phénomènes analogues à ceux des pays polonais, mais en de beaucoup plus amples proportions. Le chaos des nationalités s'y agitait en remous de mouvements inégaux et contraires. A la même époque, Prague, Vienne, Pest, Zagreb (Agram) étaient en insurrection ; pas un bourg du sud-est de l'Europe jusqu'aux portes de Stamboul qui ne fût soulevé ou dans l'attente fiévreuse de quelque grande transformation. Sans aucun doute, si tous les opprimés de races diverses avaient su se concéder leurs droits mutuels et se réunir contre l'oppresseur commun, ils eussent triomphé des gouvernements traditionnels, quitte à régler ensuite leurs différends particuliers conformément à l'équité. Mais les haines sociales, plus vives encore que l'amour de la liberté et de l'autonomie politique, empêchèrent cette union. Les seigneurs magyars et polonais, habitués au commandement et à la jouissance de la fortune, ne pouvaient admettre que leurs paysans roumains, serbes, croates ou ruthènes, vivant sous le poids du mépris héréditaire, fussent admis comme des égaux dans le partage de la victoire.

Rares étaient les esprits intelligents et les cœurs généreux, vrais interprètes de l'histoire, comprenant que l'étroite solidarité entre toutes les races qui aspirent à se constituer librement était l'indispensable condition du succès. On dit qu'avant d'entrer en lutte ouverte avec les Magyars, le patriarche Raïetchitch, au nom du Congrès national des Serbes réunis à Karlovic, proposa aux représentants de la Hongrie une entente amiable, en vertu de laquelle les Magyars consentiraient à l'union fraternelle des Slaves autrichiens, tandis que ceux-ci exigeraient le rappel de toutes les troupes slaves employées en Italie par le gouvernement d'Autriche et négocieraient une alliance avec le peuple italien, lui-même alors engagé dans la grande lutte du *Risorgimento*. Mais les ambitions nationales prirent le dessus : les Magyars voulurent à la fois conquérir leur autonomie et maintenir leur domination. Les temps n'étaient pas encore venus pour la solution naturelle, seule logique et normale, c'est-à-dire la fédération libre entre toutes les nationalités de l'Europe sud-orientale, de Prague à Constantinople.

Dans la petite Suisse se passèrent aussi des événements mémorables qui témoignent delà toute-puissance de l'opinion contre les conventions diplomatiques. Les jésuites, toujours industrieux à tisser leurs toiles d'araignée, avaient réussi à se faire accueillir dans un certain nombre de cantons, et à s'emparer de l'éducation des enfants à Lucerne et autres cités catholiques. Fort habiles à négocier, ils s'étaient crus également de force à combattre, et, sous leur patronage, s'était constituée la ligue du Sonderbund « Alliance distincte », qui comprenait les sept cantons catholiques de Schwitz, Lucerne, Uri, Untervalden, Zug, Fribourg et Valais (1846). Après de longues hésitations et temporisations, le reste de la Suisse finit par accepter le défi et triompha des bandes que dirigeaient les prêtres. La campagne ne dura que quelques jours (novembre 1847) et prit au dépourvu Metternich, Guizot et autres ministres qui eussent volontiers prêté main-forte à la religion. Néanmoins la diplomatie européenne parlait encore d'intervention, lorsqu'on apprit la nouvelle de la révolution qui venait de se produire à Paris. Dès le lendemain, le 29 février, les citoyens de Neuchâtel se débarrassaient du personnage qui gouvernait le canton au nom de la Prusse, et, malgré toute la diplomatie de l'Europe, ils faisaient reconnaître leur indépendance politique et l'abolition de toute suzeraineté prussienne. Ces événements eurent pour résultat de donner à la Suisse une beaucoup plus grande unité politique, mais au détriment des autonomies locales. Le pouvoir des jésuites avait été rompu, mais au profit de l'Etat : la confédération des Etats devenait un Etat confédératif.

En Italie comme en Suisse, la Révolution avait déjà commencé d'ébranler le peuple de diverses provinces, en Lombardie, en Sicile, avant que la rumeur de Paris se fût entendue au delà des Alpes ; même l'attitude presque libérale d'un nouveau pape, Pie IX, avait fait, tourner les regards vers Rome dans l'attente d'un christianisme régénéré qui mènerait les peuples affranchis et confiants vers une ère de justice et de liberté.

Lorsque la grande secousse de février bouleversa tout le monde officiel en Europe, le mouvement italien devint inévitable, Venise se fit libre et républicaine, et le roi de Sardaigne, Charles Albert, fut obligé par la poussée de l'opinion publique de déclarer la guerre à l'Autriche sous peine de voir renverser son propre trône. Ce fut l'époque du *Risorgimento*, de la « Résurrection ». En quelques semaines, et presque sans combat, l'Italie en était arrivée à pouvoir revendiquer son unité politique, cet idéal qui jadis avait flotté devant quelques nobles esprits, dont ils n'avaient jamais pu tenter la réalisation. Dès les premiers jours de conflit entre les révolutionnaires italiens et les garnisons autrichiennes, celles-ci avaient dû évacuer Milan et les autres villes de la

Lombardie occidentale, foyers par excellence du patriotisme unitaire, où l'on avait vu les fumeurs former une ligue pour s'abstenir de fumer du tabac autrichien et les jeunes filles, oublieuses des « amants de Vérone », s'associer par serment pour renoncer d'avance à tout amour avec ennemi ou compatriote indifférent aux revendications nationales. Si grande était l'ardeur du sacrifice que les martyrs ne se comptaient plus et que le changement d'équilibre politique était reconnu comme inévitable par les conservateurs les plus outrés ; mais de leur côté, les ardents Italiens ne se condamnaient-ils pas d'avance à un mouvement fatal de réaction en confiant la gérance de leurs droits et le souci de leur émancipation à des ennemis naturels, à deux souverains, le pape et le roi ?

Le contre-coup de la révolution de février ne se fit guère sentir en Espagne, tant ce pays était accoutumé aux ébranlements de la guerre civile ; tandis qu'en dépit de leur isolement traditionnel, les îles Britanniques furent secouées par le mouvement d'ondulation générale. Le peuple s'agita, et le Parlement dut s'entourer d'une véritable armée ; même en Irlande, on en vint à la franche révolte, révolte condamnée d'avance à un insuccès lamentable, car les Irlandais, affaiblis par une oppression mainte fois séculaire, et, d'ailleurs, privés de toute force physique par la famine, savaient à peine manier leurs bâtons et se laissaient choir, exsangues, au bord de la route.

Chose étonnante, le choc en retour des événements d'Europe aurait été plus sérieux en conséquences dans l'Inde lointaine et en Extrême Orient, car des auteurs anglais attribuent au retentissement des révolutions de l'Occident le soulèvement des Sikh, établis autour de Lahore et dans le Pendjab ; ceux-ci battirent les armées de la Compagnie en plusieurs rencontres, tandis que de nombreuses grèves de Cinghalais mettaient en danger la domination de l'Angleterre. Quant aux Taïping de la Chine, qui, vers la même époque, bouleversèrent l'empire du Milieu, il faut certainement voir dans leur formidable poussée la preuve que l'Orient et l'Occident commençaient à vibrer parallèlement sous l'influence des mêmes causes profondes ; toutefois, aucun fait ne permet de rattacher directement cette grande révolution chinoise aux événements qui, vers l'autre extrémité de l'Ancien monde, agitaient alors les villes de Paris, de Berlin, de Vienne, de Pest et de Milan.

Pour l'Amérique latine, il en fut autrement : l'influence morale de la France est telle dans ces contrées que sa révolution nouvelle secoua fortement les esprits et produisit çà et là, notamment dans la Nouvelle Grenade, quelques mouvements politiques.

La révolution de 1848 se distingue de toutes les révolutions antérieures et marque en conséquence une très grande époque de l'histoire, parce que, du moins en France et en Angleterre, c'est-à-dire dans les deux pays qui avaient déjà poussé à fond une première évolution politique contre la royauté, le mouvement prit un caractère très net dans le sens d'une transformation sociale.

La Révolution dite de 1789 n'avait pas eu d'autre idéal que le triomphe du Tiers état, c'est-à-dire celui de la bourgeoisie, et l'œuvre, dans son ensemble, était due aux propriétaires du sol et des maisons, aux industriels, aux commerçants, aux artisans d'élite, aux gens de professions libérales ; le peuple n'avait eu qu'à servir de comparse, il avait apporté ses instincts de foule, ses enthousiasmes, ses colères. Mais en 1848, c'est l'ouvrier, c'est le travailleur qui est l'auteur principal de la révolution. Il ne connaît peut-être pas le mot de « socialisme », qui est d'invention récente et dont quelques écrivains se disputent la paternité, mais il le fait entrer dans l'histoire ;

il lui donne sa véritable signification, qui n'a rien d'abstrait, et que tous comprennent comme la « lutte pour l'établissement de la justice entre les hommes ».

La justice ! on l'avait déjà solennellement proclamée un demi-siècle auparavant, sous le nom de « Droits de l'Homme », et même on avait ajouté le cri de Fraternité ! à la proclamation de ces droits.

Depuis cette époque, le temps de la réalisation de cet idéal semblait d'autant mieux venu que de nombreuses machines avaient été inventées pour alléger le travail humain et que les procédés de la division du labeur avaient augmenté de beaucoup la production. Or, loin de voir leur situation s'améliorer en proportion des progrès mécaniques de l'industrie, les travailleurs se trouvaient au contraire en des conditions de plus en plus incertaines, l'introduction de la machine dans la manufacture permettant au patron de lésiner sur les salaires de son matériel humain. Qu'importait à celui-ci d'avoir été muni officiellement de ses droits, s'il n'avait pas même celui de vivre ?

Aussi saisit-il avec enthousiasme l'occasion de les revendiquer. Les écoles socialistes, déjà très nombreuses, avaient fait de fort belles promesses depuis une vingtaine d'années : on les somma de les tenir. D'après des récits du temps, une députation d'ouvriers se serait présentée à l'Hôtel de Ville devant les membres du gouvernement provisoire et, dans un beau langage de générosité, leur aurait offert de « mettre trois mois de misère au service de la République ». Certes, Paris et la France eurent alors de fort nobles élans, et le type du Quarante-huitard, tel qu'il est resté dans la mémoire des générations suivantes, est celui d'un vaillant et d'un sincère à la figure lumineuse et sympathique, à la barbe ondoyante, à la parole chaude, s'enivrant volontiers de ses discours aux amples périodes, plus empreintes d'une large confiance dans l'avenir que de solides raisonnements basés sur la compréhension des choses. L'homme de 48 fut réellement bon, et, pendant les premières semaines qui suivirent la révolution, on put revivre les grandes émotions de ferveur et de joie révolutionnaires que les enthousiastes avaient éprouvées au commencement de la Révolution française. Des étrangers accouraient en foule vers Paris : Charles Dickens, pour ne citer qu'un exemple, s'essayait à écrire en français, la langue républicaine qu'il déclarait vouloir parler désormais.

Toutefois, les hommes ne se nourrissent point de paroles seulement : il leur faut aussi du pain, et la société à laquelle les ouvriers s'adressaient maintenant pour obtenir leur salaire bien gagné, cette société faisait faillite à ses promesses ; elle ne reconnaissait plus ce « droit au travail » que des ministres, et non des moindres, avaient officiellement reconnu. C'est que les socialistes étaient encore une minorité infime, beaucoup trop peu nombreux pour agir sur l'opinion publique autrement qu'en excitant la surprise, même en éveillant le scandale. Sans doute, les doctrines de rénovation sociale, échappant au domaine du pur esprit et de la fantaisie, avaient toutes essayé l'épreuve de l'expérimentation ; elles avaient tenté de se faire vivantes, par cela même avaient cessé d'appartenir à l'utopie pour se réclamer de la pratique; mais combien toutes ces théories étaient-elles en désaccord et quelle eût été l'impossibilité d'en tirer une résultante générale ! Tels socialistes de l'époque eussent commencé tout d'abord par instituer le pouvoir absolu avant d' « organiser » le nouveau fonctionnement social ; le plus grand nombre des réformateurs se fut contenté d'utiliser à des nouvelles fins la hiérarchie déjà existante ; quelques autres eussent en premier lieu fait litière de toutes les autorités établies.

En face de la routine héréditaire qui condamne au travail mal rétribué les non-possesseurs du sol, que signifiaient les quelques expériences tentées çà et là en vue de la constitution d'une société d'harmonie où le sort de tous serait assuré et où la vie s'écoulerait heureuse et fraternelle ? Certainement, les tentatives avaient été fort intéressantes, mais ce ne furent que de simples éclairs sur le fond noir de la servitude traditionnelle.

En 1812, Robert Owen, après voir démontré que l'homme est déterminé par son milieu, voulut prouver aussi dans sa manufacture de New-Lanark qu'en donnant à ce milieu des conditions de justice et d'équité parfaite, on réussissait à modifier parallèlement les individus. Puis, en 1824, sur la terre vierge de l'Amérique, il avait amplifié ses expériences et créé des « harmonies » sociales que l'on imita en divers lieux des Etats-Unis, et qui, presque toutes, réussirent matériellement, mais pour se laisser absorber de nouveau par l'ambiance du tout-puissant capitalisme.

Moins importantes par les essais de réalisation, les expériences faites en France avaient eu plus de retentissement dans l'élaboration des idées. Le puissant génie de Charles Fourier remua profondément l'esprit des penseurs et groupa dans son cortège intellectuel les plus généreux des hommes ; mais ces disciples qui représentaient une si remarquable élite n'étaient pourtant ni assez nombreux ni assez riches pour fonder un phalanstère dans le bel ensemble architectural et hiérarchique conçu par le maître et, après tout, le phalanstère ne représentait que le petit côté de la doctrine du maître ; les essais en petit que l'on en imagina à Condé-sur-Vesgre, à Brook-Farm ou ailleurs, étaient condamnés d'avance comme des œuvres incomplètes. De même la colonie de Ménilmontant, qui s'était hardiment établie dans le voisinage de Paris, et qui tenta de réaliser l'union harmonique des trois forces, le travail, le capital et le talent, heurtait trop ostensiblement, par son costume et ses rites, les habitudes traditionnelles de la bourgeoisie, pour que la loi n'intervint brutalement et ne dispersât les associés, presque tous hommes de science et de prestige intellectuel, destinés à laisser une trace dans l'histoire.

Pourtant une autre doctrine, plus simple et même naïve, presqu'enfantine dans ses conceptions sociales, devait agir d'une manière beaucoup plus puissante sur une certaine partie du peuple : ce fut la doctrine communiste pure, formulée par Cabet en langage évangélique. Elle donnait toute satisfaction à ce vieil instinct des masses qui de tout temps leur avait fait voir la cessation de leurs maux dans le retour vers la communauté des terres et dans son complément naturel, la communauté des biens. Aussi Cabet trouva-t-il de fort nombreux adhérents et lorsque, disant adieu au vieux monde, il partit pour aller fonder l'Icarie sur la terre vierge de l'Amérique, il fut suivi par des centaines de disciples ambitieux de cette vie de paix et de bonheur dont ils devaient enfin jouir avec lui. Triste personnage que celui d'Icare, dont les ailes fondirent au soleil ! mais comment une communauté sans liberté eût-elle pu réussir pour d'autres que pour des moines abêtis par l'obéissance, le prosternement et les macérations ?

La somme des expériences que pouvait invoquer le socialisme naissant pour découvrir à brève échéance l'heureuse solution de la question sociale était donc bien insuffisante.

Et d'ailleurs, les politiciens empiriques, chargés de gouverner et de légiférer, étaient fort loin de s'entendre sur la conduite à suivre ; même, la plupart d'entre eux étaient-ils d'avis que la « question sociale » n'existe point et qu'il suffit de parer de son mieux aux difficultés du moment sans essayer de modifier en rien les rapports entre les capitalistes et la chair à travail. Tandis que des novateurs éloquents, généreux, acclamés, la plus belle école de sociologie militante que le monde ait jamais vue, adressaient aux peuples leurs appels pour les entraîner vers une forme de société plus équitable, d'autres hommes préparaient en silence les moyens d'insurger les travailleurs afin de les décimer ensuite par un massacre salutaire.

Leur conspiration réussit. Les ouvriers en chômage que l'on employait inutilement dans les « ateliers nationaux » à brouetter les terres et à dépaver et repaver les rues furent tout à coup licenciés et, pour ainsi dire, défiés à la révolte par la meute des journalistes aboyeurs. En effet, la bataille éclata, terrible, acharnée, à la fin du mois de juin 1848, et, pendant plusieurs jours, se succédèrent les combats et les massacres de prisonniers. Les ouvriers insurgés, traités de « Bédouins » par les généraux d'Afrique, apprirent à leurs dépens que la bourgeoisie républicaine savait égaler, peut-être même dépasser les rois dans, la férocité de la répression. En même temps que les vainqueurs de juin avaient réduit au silence pour un long temps les revendications du socialisme, ils avaient transformé la république en une servante des monarchies de droit divin ; en France, sous un faux nom, « Présidence », l'Empire fut bientôt fait.

En Angleterre, le mouvement de réaction s'était accompli parallèlement, et même d'une manière plus complète, puisque l'agitation « chartiste » avait été étouffée sans que le Parlement eût recours aux grands moyens de bataille ou de massacre. Privée de ses deux champions, l'Europe redevenait désormais la proie de ses oppresseurs traditionnels : un reflux général succédait au flot que la Révolution avait propagé à travers le monde.

Le Parlement de Francfort se débattait au milieu de difficultés inextricables ; il avait à grouper en une fédération des monarchies absolues ! puis à s'occuper des frères allemands non représentés à la diète, tels ceux du Schleswig et ceux des bords de la Vistule, et de bien d'autres problèmes, insolubles par lui. En réalité, le Parlement, dominé par l'antagonisme des deux pouvoirs forts - la Prusse et l'Autriche - n'était qu'un instrument dans la main des princes fédérés qui laissaient passer l'orage révolutionnaire. Les Allemands qui, au nom de l'unité germanique, s'étaient déjà établis victorieusement dans le Schleswig évacuèrent leur conquête, et les barricades élevées dans les rues mêmes de Francfort (18 septembre) furent déblayées sans peine. Pour comble d'humiliation, le Parlement finit par choisir comme empereur d'Allemagne ce même roi de Prusse qui, pendant toute la période révolutionnaire, avait affecté d'ignorer l'assemblée, qui en avait contrecarré sournoisement toutes les décisions. Et cette fois encore, le roi ne fit point aux délégués de la nation l'honneur d'accepter leur offre : ce n'est point au populaire, à la bourgeoisie qu'il consentait à devoir l'empire ; seuls, les autres princes, ses cousins et ses frères, lui paraissaient être en droit de donner la couronne impériale. Il n'admettait pas que la transformation se fît par en bas, elle devait se faire par en haut. Et des historiens commentateurs ajoutèrent qu'il ne fallait pas que cette grande révolution de l'unité nationale s'accomplît dans l'accord et la paix, mais suivant l'antique méthode de l'histoire, « par le fer et par le feu ».

Du moins le Parlement de Francfort ne fut pas massacré. La plupart de ses membres furent rappelés, par l'Autriche, la Prusse, la Saxe, le Hanovre : le reliquat parlementaire chercha un refuge dans Stuttgart, mais la dernière allocution du président fut couverte par le roulement des tambours. C'était le dernier acte de la comédie, la tragédie avait déjà commencé.

Repoussés vers le sud après de sanglants combats, les insurgés du pays de Bade, c'est-à-dire les défenseurs de l'unité nationale allemande, furent plus que décimés, puis, après la capitulation de Rastadt où s'étaient enfermés les derniers champions de la cause vaincue, le régime de la terreur, apporté par les envahisseurs prussiens, écrasa les Badois pendant de longues années. D'autres Prussiens, à la même époque, dirigeaient la répression dans la ville de Dresde. Les conseils de guerre abattaient les têtes, emplissaient les prisons, confisquaient les propriétés. L'un des triumvirs qui avaient dirigé la résistance des insurgés de Dresde, Richard Wagner, déjà célèbre comme l'auteur du *Tannhäuser*, réussit à s'échapper, tandis que Michel Bakounine, le fameux agitateur russe qui avait été l'âme de la résistance, fut saisi, jeté dans un cachot, puis livré à l'empereur de Russie, le grand-maître de la réaction européenne.

Ce fut également au tsar Nicolas que s'adressa le gouvernement d'Autriche pour venir à bout de l'insurrection des Hongrois. Ce peuple asiatique, frère des Turcs par l'origine et par le langage, avait obéi à d'autres destinées que son voisin des contrées balkhaniques. La religion les avait irrémédiablement divisés les uns des autres : tandis que les Turcs s'étaient constitués en avant-garde des nations musulmanes, les Hongrois ou Magyars avaient été, de par la situation géographique, placés en tête de toutes les nations chrétiennes et, tantôt vainqueurs, tantôt vaincus, ou même absolument soumis, ils avaient eu à souffrir plus que tous les autres dans la lutte interminable et sans merci. Mais, quoique se sacrifiant pour la cause de tous, les Hongrois n'étaient qu'à demi accueillis par les autres Européens : on les connaissait à peine et l'on voyait en eux ce qu'ils étaient en effet, des Asiates non encore adaptés à leur milieu dans ce chaos des peuples, Slaves, Allemands, Italiens, Roumains et Frioulans parmi lesquels ils s'étaient aventurés. Ne pouvant apprendre tous ces parlers si différents de leur propre idiome, les Hongrois avaient pris naturellement pour langue d'intercourse celle qui était en usage dans toutes les chancelleries où se rédigeaient des conventions et des traités. Leurs propres scribes, leurs moines s'étaient mis à employer la même langue, le latin, et pendant huit siècles, jusqu'en 1848, les souverains et leurs vassaux, les juges, les clercs, même les propriétaires de campagne le parlèrent entre eux ; ce latin était d'ailleurs très modifié, réduit à une sorte de jargon, indigent en formes verbales.

La révolution de 1848, qui poussait les Hongrois à la revendication de leur nationalité, à la restauration de leur langue, à la reconquête de leurs droits, les fit entrer pour la première fois en nation européenne parmi les populations occidentales qu'agitait alors le même mouvement de liberté. Leur héroïsme les sacra frères de ceux qui avaient été les plus grands dans la civilisation aryenne. La situation militaire des Hongrois semblait tout d'abord désespérée : leur armée ne comprenait guère que des bandes irrégulières, tandis que les Slaves de la contrée, unis à ceux des provinces voisines, même à des volontaires de la Balkhanie, apportaient au service de l'Autriche allemande et de son armée solide toute la force de leur enthousiasme guerrier.

Lorsque Vienne était en pleine insurrection et faisait appel à ses voisins Magyars, ceux-ci, « toujours formalistes et juristes » (Asseline), attendaient une demande officielle ; ils ne vinrent que trop tard et en trop petit nombre : Windischgrætz attaque Vienne le 28 octobre, la bombarde le 29, temporise le 30, repousse l'armée hongroise le 31 et pénètre en vainqueur dans la capitale autrichienne le 1er novembre. Bientôt ce fut le tour de Pest : le gouvernement hongrois dut l'évacuer et concentrer toutes les forces militaires à l'est de la Tisza. Mais le général polonais Bem, qui après avoir commandé Vienne insurgée avait réussi à s'échapper, accomplissait en Transylvanie des prodiges de stratégie victorieuse, et, bientôt après, Gœrgei, devenu général en chef de l'armée magyare, puissamment réorganisée par Kossuth, remportait successivement des victoires qui enflammaient d'espoir tous les républicains d'Europe : les Autrichiens étaient forcés d'évacuer Pest et de se replier en désordre jusqu'à la frontière. C'est alors que l'empereur d'Autriche dut appeler à son secours son grand allié Nicolas, tsar de toutes les Russies : cent cinquante mille hommes pénètrent dans la contrée par les frontières de l'ouest et du nord, en même temps que du sud s'avancent les Serbes et que de l'ouest les Allemands reprennent l'offensive. La petite armée hongroise, entourée de toutes parts, combattit en désespérée jusqu'au moment où Gœrgei, nommé dictateur, capitula au nom de la nation tout entière dans la plaine de Vilàgos, non loin d'Arad (13 août 1849). Bientôt après toute résistance avait cessé, sauf dans la forteresse de Komarom (Komorn), que Klapka défendit longtemps encore.

Les Hongrois s'étaient rendus, non au suzerain dit légitime, l'empereur d'Autriche, mais à l'armée russe. Le maréchal Paskievitch put écrire à son maître : « Sire, la Hongrie gît aux pieds de Votre Majesté ! » Mais les Autrichiens se chargèrent de la vengeance : les conseils de guerre, siégeant en toute la Hongrie, germanisaient la population par les verges, le cachot, la fusillade, le gibet. Gœrgei, le général vaincu, peut-être coupable de trahison, du moins type du militaire toujours insurgé contre le pouvoir civil, eut la suprême humiliation de se voir assigner une résidence de luxe et de toucher une pension, tandis que ses camarades de guerre étaient condamnés aux balles ou à la corde. Le général autrichien le plus féroce, Haynau le « fouetteur », fut autrement puni. Visitant peu de temps après une usine de Londres, il fut reconnu par des ouvriers et poursuivi à coups de lanières comme une bête mauvaise.

En Italie, la guerre du *Risorgimento* se déroula suivant les mêmes péripéties que la guerre d'indépendance magyare. Les révolutionnaires du nord de la Péninsule eurent tout d'abord le dessus, puisque les Autrichiens avaient dû évacuer Milan, et se retirer derrière la ligne du Mincio, tandis qu'à l'est Venise avait reconquis l'indépendance qui lui avait été ravie par Bonaparte, un demi-siècle auparavant.

Des contingents romains et napolitains accouraient à l'aide des Lombards, mais les républicains n'osèrent pas combattre seuls et, sacrifiant leurs justes méfiances contre un roi qui avait trahi, puis espionné, persécuté, emprisonné, mitraillé leurs amis, ils s'adressèrent au roi Charles-Albert, qui, dans l'espoir de transformer son petit royaume en une grande monarchie, consentit à une trahison nouvelle, celle de la cause du droit divin. Toutefois cette alliance entre ennemis naturels ne devait pas réussir. Charles-Albert n'était pas de force à se mesurer contre la puissante armée autrichienne que dirigeait Radetzky, vieillard énergique, et, complètement battu à Custozza (25 juillet 1848), puis l'année suivante, en une nouvelle campagne, à Novara (25 mars 1849), il ne lui resta qu'à remettre son abdication entre les mains de son peuple et à laisser le pouvoir et l'ambition de la couronne d'Italie à son fils

Victor-Emmanuel, qui, du moins, n'avait pas un passé de trahison derrière lui.

La victoire de l'Autriche aurait été facilement poussée beaucoup plus à fond si les convoitises de la France n'avaient été également excitées.

Le conflit traditionnel entre Germains et Gaulois pour la domination de l'Italie recommença sous une nouvelle forme, rendu presque méconnaissable par les semblants diplomatiques. Il eût paru tout naturel que la France, alors constituée officiellement en république, intervînt pour défendre l'indépendance des républiques sœurs, mais ce fut tout le contraire : engagée comme l'Autriche dans le mouvement opposé à l'affranchissement des nationalités et des individus, c'est en champion du pape qu'elle envoya ses armées en Italie ; l'une et l'autre puissance faisaient assaut de bons principes.

Dans Rome, où la République avait succédé au règne de Pie IX, en fuite, l'âme de la résistance était le triumvir Giuseppe Mazzini, le révolutionnaire de sa génération qui, de tous, apporta le plus d'énergie, de vouloir tenace dans la conspiration, le plus de sagacité dans le choix des hommes, le plus d'esprit de renoncement personnel dans la vie de tous les jours. Type du devoir, il suscitait des enthousiasmes persévérants, des héroïsmes de sacrifice, et, quand les meilleurs étaient tombés, austère, impassible, il savait toujours découvrir de nouvelles victimes volontaires qui couraient à la mort. Il ne reculait point devant la terrible nécessité de l'incessant sacrifice des jeunes enthousiastes, car il ne pouvait imaginer pour les autres de joie supérieure à celle qu'il éprouvait lui-même de souffrir pour la reconquête de l'Italie une et libre. Apre comme un calviniste, il n'en était pas moins à certains égards le plus intransigeant des catholiques par respect de la tradition romaine. Sa devise *Dio e Popolo* faisait dériver les droits du peuple de Dieu même, et de ce Dieu de Rome qui avait par deux fois donné l'empire du monde à l'Italie, une première fois sous les Césars, une seconde fois sous les papes, et qui, dans un avenir prochain, ne manquerait pas, il en avait la foi certaine, d'assurer le troisième *primato* à la république d'Italie parmi les autres nations de l'univers. Aussi Mazzini n'était-il pas ennemi du « Saint-Père » qui avait fui Rome pour éviter le contact des républicains maudits, il aurait voulu lui voir inaugurer une nouvelle ère de domination religieuse où la foi démocratique eût donné aux anciens rites un sens nouveau. En l'absence du pape, c'est ainsi que, dans la ville Sainte, il tenta d'interpréter les cérémonies de l'Eglise.

La révolution, née de l'amour de l'indépendance, et pourtant fidèle à la tradition romaine, impliquait donc une contradiction entre les deux termes de « Peuple » et de « Dieu » ; elle ne pouvait aboutir qu'à de fatales impasses. Egalement absurde et contradictoire fut le moyen employé pour étouffer cette révolution : à son mensonge, on opposa un autre mensonge, puisque la république française, ou du moins l'Etat hybride qui en portait le nom, revendiqua l'honneur de renverser la république romaine et de rétablir le régime papalin avec toutes ses vengeances à satisfaire : encore une fois, la France fut « le soldat de Dieu » suivant l'ancienne tradition ecclésiastique. Il est vrai que pour faire ce bas office de gendarme de la papauté, le gouvernement français eut préalablement à réprimer une insurrection dans les rues de Paris ; mais le peuple, épuisé par la lutte de l'année précédente, n'avait plus le cœur à la bataille, et, transportées devant Rome, les troupes françaises, enrégimentées au service de Pie IX, purent, grâce au petit nombre des réels défenseurs de Rome, écraser les chemises rouges de Garibaldi.

Complètement déshonorée, la république française n'avait plus désormais qu'à sombrer dans sa honte : elle se détruisait elle-même en détruisant la république-sœur, et bien inutilement puisque l'influence de l'Autriche devint toute maîtresse. La France eut à fournir l'argent et les hommes au profit de l'antique camarilla autrichienne. Quant au pape, remis en possession viagère de ses Etats, il comprit, avec le sens profond des choses qu'inspire le pressentiment de la mort, que le moment était venu de proclamer solennellement, sans la moindre atténuation de langage, la parfaite incompatibilité de l'Eglise avec la société moderne. Désormais guéri de ses illusions premières, le « Souverain Pontife » vengea d'abord très amplement les injures faites au Saint-Siège, puis s'en tint strictement aux principes de réaction absolue qui devaient trouver leur expression définitive dans le syllabus de 1864. Quoique obéissant à la loi du changement, qui est celle de toutes choses, le catholicisme a la prétention d'être d'un bloc, comme ces pierres noires que l'on adore dans les temples d'Asie. Il se dit et se croit immuable dans le passé, car le « Pontife romain ne peut ni ne doit se réconcilier ni transiger avec le progrès, le libéralisme et la civilisation moderne ».

L'œuvre de la réaction était achevée et préparait son code, d'ailleurs impuissant. La France, qui avait donné le branle au mouvement révolutionnaire, n'avait donc plus qu'à faire amende honorable en reprenant dans son passé une de ses constitutions antérieures. Un grand parti, tout-puissant à l'Assemblée, voulait la faire reculer jusqu'à saint Louis, mais elle n'alla pas si loin : s'arrêtant à l'Empire, elle s'imagina maintenir ce que l'on appelle les « conquêtes de la Révolution », c'est-à-dire une certaine égalité politique, économique et sociale, et ramener en même temps cette période de prestige et de gloire militaires qui, pourtant, avait si misérablement abouti à l'humiliation et à l'écrasement. Peut-être aussi le peuple, mécontent de tous les régimes qui s'étaient succédé pendant les deux années d'essais républicains, se lançait-il de désespoir dans l'inconnu, et se disait-il qu'une volonté personnelle saurait réaliser les mille promesses, jusqu'alors trompeuses, répétées tant de fois par les écrivains socialistes.

Naturellement, ces attentes chimériques devaient être déçues, car un gouvernement personnel doit toujours avoir pour maîtresse préoccupation la volonté du maître, représenté naturellement par la tourbe des parasites qui se pressent autour de lui. Napoléon III ne pouvait échapper à cette loi.

Dans un livre fameux, *La Révolution sociale démontrée par le Coup d'Etat*, Proudhon essaie d'établir que le nouvel empereur, issu de la Révolution et porté au pouvoir par la volonté des pauvres travailleurs de la ville et de la campagne, deviendrait forcément l'exécuteur d'une logique des événements supérieure à ses caprices et aux appétits de son entourage ; il lui prophétisa le rôle forcé d'un mandataire du socialisme. Mais il faut tenir compte de la part d'ironie que l'auteur, écrivant sous la menace de l'exil et de la prison, avait glissée dans son œuvre et qui lui permettait de triompher quand même de la force brutale. L'histoire du règne de vingt années nous montre que, malgré ses antécédents de rêveur à demi socialiste, et malgré ses tendances congénitales de bienveillance égalitaire, l'« homme de décembre » fut entraîné forcément par les conséquences du parjure et du meurtre dans une voie de persistante oppression. S'il fut parfois l' « agent de la Révolution sociale », c'est que tous les hommes, et lui comme les autres, servent d'instruments involontaires au destin.

Heureusement la poussée de liberté avait été trop énergique pendant la période révolutionnaire pour qu'il fût possible de l'étouffer entièrement : la force vive de l'activité humaine, irrépressible quand même, pouvait être détournée de son but, endiguée et canalisée en des voies latérales, mais elle devait se manifester en dépit de tous les obstacles et produire des changements considérables. Telle fut la raison par laquelle la prospérité matérielle s'accrut presque soudain d'une manière si remarquable en France et dans toute l'Europe continentale pendant les premières années marquées par le triomphe de la réaction. Malgré l'exil, le bannissement et la fuite d'un très grand nombre de républicains, malgré l'émigration de vaillants travailleurs, par centaines de mille, le mouvement industriel et commercial prit un singulier élan, dû pour une très forte part à l'initiative de tous ceux qui, ne pouvant plus porter leur génie vers les transformations politiques et sociales, se dirigeaient vers la création des entreprises et l'application de procédés nouveaux : il y eut un simple déplacement des forces. Aussi l'empire resta-t-il quand même populaire en France pendant une longue série d'années. Le peuple ne peut s'attarder à de longs raisonnements sur la complexité des choses : sans chercher les raisons, il personnifie les événements sous le nom d'un homme auquel il attribue les conséquences du mouvement économique contemporain et jusqu'à l'abondance des moissons, dont il connaît pourtant l'origine puisqu'elles sont dues à son travail.

Mais l'empire qu'avaient voulu des électeurs encore ivres de leur antique vin de gloire ne pouvait échapper à son destin, qui était de justifier son prestige par de grandes guerres extérieures. La « question d'Orient » présenta l'occasion favorable. Seule, la Turquie, tombant en état de décomposition politique et presqu'impuissante au point de vue militaire, n'aurait pu se défendre avec la moindre chance de succès contre un aussi formidable agresseur que la Russie.

Or le terrible Nicolas Ier, le souverain qui, depuis un tiers de siècle, trônait dans sa majesté solitaire comme une véritable divinité, ce maître réputé invincible menaçait alors l'empire ottoman, et ses troupes avaient déjà pénétré dans les principautés Danubiennes. La ville depuis si longtemps convoitée de Constantinople n'eût été pour lui qu'une proie facile, si les puissances occidentales, la France et l'Angleterre, n'étaient intervenues pour défendre les Turcs. L'intérêt traditionnel de la Grande Bretagne était engagé à fond, car la « reine des mers » qui, depuis la prise de Gibraltar et de Malte, est la principale dominatrice de la Méditerranée, ne voulait à aucun prix compromettre son empire maritime en laissant aux Russes la libre possession des Dardanelles. Mais, au point de vue géographique, il s'agissait également en cette affaire de la domination du monde, car les contrées que baigne la Méditerranée orientale gouvernent les routes de l'Europe vers l'Asie centrale et les Indes. Le cœur de l'Asie, limitrophe de la Caspienne, se trouve, il est vrai, livré d'avance aux ambitions de la Russie, mais pour ce qui est du chemin des Indes, la Grande Bretagne avait certainement un véritable intérêt national, au point de vue de l'équilibre des puissances, de défendre aux armées russes l'entrée de Constantinople. Sans doute, ce « chemin des Indes » fut jusqu'à nos jours purement virtuel : personne ne l'utilisait, parce qu'il était pratiquement inabordable. A peine de rares explorateurs employèrent cette voie à travers l'Asie Mineure, les pays de l'Euphrate, l'Iran et les plateaux de l'Afghanistan ; tous les marchands, soldats ou fonctionnaires prenaient la voie détournée du cap de Bonne-Espérance ou du canal de Suez. Mais il n'en est pas moins exact que la conquête des deux Turquie d'Europe et d'Asie par les armées du tsar, changeant le centre de gravité du monde politique et donnant aux Russes le contrôle de la Méditerranée et du golfe Persique, aurait irréparablement compromis, d'abord le prestige de l'Angleterre, puis, par contacts graduels, sa possession effective dans les vastes territoires de la péninsule hindoue. C'est pour une raison analogue, et plus pressante encore, qu'un demi-siècle auparavant, le gouvernement britannique avait employé toutes ses ressources disponibles à bloquer et à détruire l'expédition française en Egypte. Quant à la France, ses raisons déterminantes pour se mesurer contre le colosse russe paraissaient moins claires, et, sans aucun doute, la nation, laissée à elle-même, n'aurait point risqué cette redoutable aventure, mais le maître qu'elle s'était donné levait peut-être une revanche de la retraite de Russie où son oncle avait subi son grand désastre, et peut-être aussi voulait-il se poser en champion de la civilisation occidentale contre la demi-barbarie de l'Orient.

La guerre se déroula comme un drame de grande simplicité scénique. Elle se localisa presque sur un seul point du pourtour immense de l'empire russe, dans le petit appendice montagneux que la péninsule de Crimée projette en dehors de la Russie proprement dite au milieu des eaux de la mer Noire ; à peine quelques petits incidents militaires sans importance se produisirent-ils sur les côtes de Finlande (prise de Bomarsund) et dans la presqu'île lointaine de Kamtchatka.

Pendant plus d'une année, tous les efforts se concentrèrent autour de la baie ramifiée que défendaient les fortifications de Sébastopol. Ce n'était qu'un point, mais sur ce point, les puissances en lutte dirigèrent toutes leurs ressources en hommes, capitaux, forces offensives et défensives. La résistance égalait l'attaque ; les murs démolis le jour se relevaient pendant la nuit, et de nouveaux régiments, ceux des alliés venus par mer, ceux des Russes accourus par terre, remplaçaient incessamment le matériel humain qui comblait les tranchées et les brèches. A la fin, le sort favorisa les assaillants, et toute la moitié méridionale de la forteresse fut arrachée à la garnison russe (8 septembre 1855). Du coup, l'empire moscovite se trouvait plus que vaincu, il était profondément abaissé. Déjà,

Nicolas, pressentant la chute, était mort d'humiliation et de chagrin ; la Russie, trop inféodée au despotisme pour qu'il lui fût possible de changer de politique, dut néanmoins « se recueillir ».

Cependant, au moment même où le prestige de la Russie, où sa puissance apparente étaient le plus sensiblement atteints par les événements de Crimée, elle se développait prodigieusement en étendue matérielle, comme par une sorte de croissance automatique. Le territoire immense qui s'étend à l'ouest de l'Oussouri, entre la rive droite de l'Amur et le littoral du Pacifique, devenait annexe de l'empire et s'ouvrait à la colonisation. La Russie possédait désormais une façade sur le libre Océan. Si, du côté de l'ouest, en Europe, des issues maritimes sur la Baltique et la mer Noire restaient gênées par les détroits, du côté de l'est, elle commandait les espaces océaniques, et le petit village qui se fondait pour abriter sur les rives du Pacifique les premiers représentants de la puissance slave pouvait se donner fièrement le titre de Vladivostok, « Dominateur de l'Orient ». Le traité formel d'Aïgoun, en 1858, consacrait les annexions russes.

Bientôt après la guerre de Crimée, l'empire français, fidèle à ses origines, avait à en soutenir une seconde, qui, d'ailleurs, était depuis longtemps en gestation. Des engagements antérieurs avaient été conclus entre Victor-Emmanuel et Napoléon, mais celui-ci, personnage lent, irrésolu, secoué de brusques frénésies, hésitait à tenir ses promesses, lorsqu'un patriote italien, Orsini, vint les lui rappeler brutalement, en faisant éclater des bombes sur son passage, 14 janvier 1858. Tout d'abord l'avertissement ne fut pas compris : en proie à la peur et à la vengeance, l'empereur ne songea qu'à édicter des mesures répressives contre toute liberté, toute manifestation républicaine ; mais, pressé par le flot de l'opinion montante, il lui fallut quand même céder aux sollicitations du futur roi d'Italie et l'aider à la conquête partielle de son royaume.

Une campagne victorieuse l'amena jusqu'à la ligne du Mincio et du grand quadrilatère des forteresses autrichiennes. C'est là que Napoléon eût voulu arrêter le cours de l'histoire, mais elle continua de se dérouler sans lui. Absolument résolue à constituer son unité politique, la bourgeoisie italienne continuait la guerre et les révolutions, malgré la paix de Villafranca, en vain conclue entre les deux empereurs.

Les populations de Parme, de Modène, de la Toscane et de la Romagne annexent leur territoire au royaume de Sardaigne, tandis que Garibaldi, à la tête des « mille » (composés en réalité de 1067 compagnons), s'embarque secrètement, mais non point à l'insu du ministre Cavour, et soudain réapparaît sur la côte occidentale de Sicile, à Marsala.

Son expédition à travers l'île, puis de l'autre côté du détroit, dans le continent napolitain, ne fut qu'une marche triomphale et se termina par une bataille décisive (1859), sur les bords du Vulturne. Le roi de Naples n'avait plus qu'à s'enfermer dans la place forte de

Gaète avec quelques fidèles, et Garibaldi se préparait à marcher sur Rome, qui n'eût pas mieux résisté que Palerme ou que Naples. L'Italie était bien près de se « faire seulement », non point *da se*, c'est-à-dire entièrement par ses propres efforts, comme elle l'aurait voulu, mais en dépit des réticences, de son quinteux allié. Il ne resta plus à celui-ci que d'entourer précipitamment le pape d'une garnison française, chargée d'occuper indéfiniment la ville de Rome, contre le peuple italien qui se l'était donnée pour capitale. C'était s'enfermer lui-même dans une impasse, car la force constante des choses agissait en sens inverse de sa volonté d'un jour, soumise aux vicissitudes du temps. Aussi lorsqu'un de ses ministres, répondant à un interpellateur qui lui demandait quand l'armée française évacuerait Rome prononça le mot « jamais ! » ce fut une risée dans le monde. L'humiliant démenti ne devait pas se faire attendre pendant de longues années. Il suffit pour cela que l'Italie prit dans sa lutte pour l'unité un autre point d'appui que la France : désormais elle s'appuya sur la Prusse qui, elle aussi, avait à constituer, sinon son indépendance nationale, du moins son autorité sur l'Allemagne unifiée, et qui, dans ce conflit, avait les mêmes adversaires que l'Italie.

A cette époque de si grande importance critique pour l'Europe, le monde entier se trouvait également agité. La Chine et le Japon, l'Inde et l'Indochine, les Etats-Unis, le Mexique étaient pareillement secoués par de puissantes révolutions.

Quoique les nations à civilisation européenne considèrent presque toutes comme le plus précieux de leurs privilèges de pouvoir fermer, quand elles le jugent convenable, les portes de leur contrée aux marchandises et aux individus, elles n'en tenaient pas moins la Chine et le Japon pour des nations barbares parce qu'elles n'accueillaient pas les étrangers, toutes frontières ouvertes. Grâce à la vapeur qui rapproche les continents, les tentatives de domination morale, puis de domination matérielle faites au seizième et au dix-septième siècle par les missionnaires jésuites et autres allaient recommencer, et cette fois avec des représentants de tout le monde européen : pasteurs protestants de sectes diverses aussi bien que moines catholiques, marchands et spéculateurs de toutes catégories, aventuriers de tout acabit. La plupart de ceux qui insistaient avec tant de passion pour l'ouverture des ports de la Chine voulaient en abuser pour l'importation de l'opium, par exemple. Les Chinois comprenaient bien le danger, qui s'accroissait de jour en jour, et, pour y parer, ils ne pouvaient guère compter que sur leur science diplomatique. Il leur était impossible d'avoir la supériorité dans le conflit des civilisations, car les parties ne sont plus égales. Il fut un temps où l'Orient se développait d'une manière indépendante de l'Occident. Alors les deux moitiés de l'Ancien monde vivaient à part suivant des voies différentes, sans rapports apparents. Mais depuis que l'Europe s'est démesurément agrandie, elle a fait une deuxième Europe de l'Amérique entière, et la nation chinoise se trouve maintenant prise comme dans un étau entre les deux branches du monde moderne. Bien plus, l'Europe primitive a pris une telle extension que, par la Russie, elle est devenue la voisine continentale immédiate de la Chine, et qu'elle menace de l'envahir en plusieurs points et de l'éviscérer.

Si l'empire chinois, considéré comme Etat, ne s'était trouvé pris dans le réseau des coutumes, des précédents, de l'étiquette, nul doute que depuis un demi-siècle, il ne se fût accommodé aux nouvelles circonstances politiques pour déplacer sa capitale, se donner un autre centre de gravité où la résistance fût plus facile à organiser. La position stratégique de Pékin, la « résidence du nord », eut naguère de la valeur parce que les dangers les plus faciles à prévoir étaient ceux qui auraient pu menacer la frontière septentrionale. Les empereurs de la dynastie mandchoue, descendant eux-mêmes de conquérants qui avaient dû guerroyer pendant des générations pour vaincre la résistance chinoise, craignaient avec juste raison les populations guerrières de leur ancienne patrie, et ils savaient aussi que les Mongols étaient fréquemment descendus de leurs plateaux pour s'installer en maîtres dans la contrée. On comprend donc que la capitale de l'empire se soit longtemps maintenue dans la région du nord, si loin du vrai centre de la Chine, qui est la « Fleur du Milieu » entre les deux grands fleuves : on pouvait abandonner à elles-mêmes les populations paisibles et surveiller les voisins turbulents, d'autant plus qu'on voyait se former derrière elles, lentement, mais avec la rigueur inflexible du destin, une puissance plus redoutable que celle des Mandchoux et des Mongols, la puissance moscovite.

Mais au milieu de ce dix-neuvième siècle, la menace de la Russie était encore très éloignée, et les attaques venant du côté de la mer étaient bien autrement à craindre.

Si les puissances européennes restaient séparées de l'Extrême Orient par l'épaisseur de la masse continentale, elles avaient toute facilité pour atteindre la Chine par le littoral ; et c'est précisément la partie du sud et du centre, notamment le bassin du Si-kiang, la baie de Hang-tcheou, l'estuaire du Yang-tse qu'il leur importait de faire entrer dans leur cercle d'influence : à l'époque où les commerçants d'Europe et d'Amérique décidaient leurs gouvernements à forcer l'entrée des ports chinois, le cours du Hoang-ho, qui débouche maintenant dans le golfe de Petchili, vers le nord de l'empire, s'ouvrait aussi bien au sud de la péninsule de Chantung. C'est donc vers les points menacés qu'aurait dû se porter tout l'effort de résistance, et, si la vie avait encore animé le grand corps au point de vue de l'organisation politique, si les maîtres officiels de l'empire avec leur hiérarchie de mandarins n'avaient pas été momifiés dans la ville deux fois close, dans le grand sépulcre de la cour, ils n'eussent pas manqué de se mouvoir dans la direction du danger, comme l'avaient fait leurs prédécesseurs des grandes époques nationales.

Un retour vers Nan-king, la « résidence du Midi », eût déjà ramené les forces défensives de l'Etat dans le voisinage du centre de richesse et de population ; sans nul doute, si le gouvernement chinois avait donné cet exemple d'initiative et de décision dans le péril, les dissensions intérieures qui prirent un tel degré d'acuité, lors de la révolte des Taï-ping, auraient été en grande partie évitées, et les mandarins n'auraient pas eu l'humiliation de livrer leur peuple aux mercenaires étrangers. Han-kéou, qui est le centre commercial de l'empire, et où, par conséquent, convergent toutes les ressources des provinces, eût été également bien choisie ; peut-être au point de vue stratégique, celui de la défense et de l'attaque contre tout danger, le lieu le mieux indiqué par la nature eût été la cité de Kiu-Kiang, placée sur une péninsule rocheuse de la rive méridionale du Yang-tse, entre cet énorme courant et la mer intérieure du Po-yang, parcourue de chenaux navigables dans tous les sens : de là le nom de « Ville des neuf fleuves » qu'a pris la grande cité commerçante ouverte de force par les Anglais à la navigation européenne. De ce lieu central, situé à peu près à égale distance entre Nan-king et Han-kou (Hankeu, Hankow), les voies majeures rayonnent de toutes parts, soit par les cours d'eau, soit par Les brèches des montagnes, d'abord vers tous les points du grand bassin fluvial de la Fleur du Milieu, puis au sud-est vers Fou-tcheou et les autres ports du Fo-kien, au sud-ouest vers Canton, au nord vers Kaï-fong et Pekin.

Mais, tandis que les gouvernants chinois s'ankylosaient dans leurs palais, devenus de véritables tombeaux, et qu'ils se laissaient bercer, comme pour la mort, par la cantilène des vieilles formules, les événements suivaient leur cours et de grandes transformations s'opéraient dans la masse de la nation : en modifiant leur équilibre, les conditions économiques du monde devaient entraîner la société chinoise, aussi mobile que toutes les autres sociétés, en de nouvelles conjonctures. C'est à tort que la Fleur du Milieu avait conservé son mépris pour l'étranger, se comparant à ce qu'elle connaissait de l'Europe ; cette région si lointaine, divisée en tant de petits Etats hostiles. La Chine avait conscience de la majesté que lui donnaient la longueur de sa durée, la grandeur de son passé, l'étendue de son domaine, l'immensité de ses populations, mais il lui manquait la force d'initiative, et cette force appartenait aux insolents étrangers qui commerçaient dans ses ports. Ces « barbares aux cheveux roux », qui étaient pour la plupart des Anglais à blonde chevelure, méritaient en effet le nom de barbares, leur métier consistant surtout à introduire par contrebande la funeste drogue de l'opium, recueillie dans leurs plantations des Indes. Au point de vue moral, l'attitude de la Chine, refusant d'empoisonner son peuple, était certainement la plus digne, et la Grande Bretagne avait mauvaise grâce à parler de sa culture supérieure en imposant à ses clients l'usage du poison sous peine de bombardement et d'assaut. D'ailleurs ce crime politique ne présente rien d'exceptionnel dans l'histoire de l'humanité. Le torrent circulatoire de la vie internationale roula toujours des flots impurs, et quelle est la nation commerçante d'Europe qui n'ait pas à se reprocher d'avoir vendu aux peuples étrangers, avec des marchandises diverses plus ou moins utiles, les eaux de vie frelatées et autres funestes produits ?

C'est en 1839 que commença la guerre dite de l'opium, et naturellement elle eut pour premier théâtre l'estuaire de Canton, l'escale la plus méridionale de l'empire, qui est en même temps la plus rapprochée de l'Europe et de ses colonies asiatiques dans l'Inde et l'Insulinde. Toute-puissante sur mer où les jonques chinoises, lourdes et maladroites, ne se hasardaient que pour se faire couler à fond, la flotte anglaise put manœuvrer librement sur les côtes, forcer plusieurs fois l'entrée de Canton, bombarder les forts, prendre en gage temporaire une des îles situées près de l'embouchure du Yang-tse, c'est-à-dire en face même du centre de l'empire, et s'emparer, définitivement cette fois, d'une île qui lui assurait la domination commerciale et militaire de toute la Chine méridionale et des mers qui baignent le sud-est de l'Asie.

Depuis l'année 1841, cette colline insulaire de Hong-kong, absolument invulnérable de la part des Chinois, n'a cessé de grandir en richesse, en population et en force d'attaque. En vertu du traité de Nan-king, imposé par les

Anglais en 1843, cinq ports du littoral furent ouverts librement au commerce étranger, Canton, Amoï, Fou-tcheou, Ningp'o, Changhaï. L'année suivante, l'escadre américaine, puis celle de France vinrent se faire accorder les mêmes avantages : les Français stipulèrent, en outre, l'abrogation des lois de proscription contre les missionnaires chrétiens et les catéchumènes indigènes : de nouveau les prêtres catholiques, auxquels devaient s'associer les protestants de toutes sectes, recommençaient leur œuvre de désagrégation dans l'empire.

Peu d'années après, c'est-à-dire exactement à l'époque où le monde occidental était lui-même si profondément secoué dans sa charpente politique, l'empire chinois fut ébranlé par la grande révolte des Taï-ping, que des révolutions antérieurs de l'Extrême Orient ont pu certainement égaler en ruines et en massacres, mais qui se distingua d'elles toutes par ses traits d'origine étrangère.

Les bandes groupées autour des organisateurs de la lutte qui éclata en 1850, après une longue préparation secrète, appartenaient presqu'exclusivement à la classe des Hakka, prolétaires méprisés des bords du Si-Kiang et de ses affluents, dans lesquels on voit des Chinois du nord, de racé très pure, immigrés parmi les Punti, « racines de la Terre », ou aborigènes qui constituent le gros de la population du Kuang-tung. Les révoltés étaient donc des Chinois par excellence, et, dans leur marche triomphante à travers les provinces du centre, le long de l'axe de vie de la « Fleur du milieu », ils recrutèrent leurs adhérents uniquement parmi les Chinois patriotes pour lesquels la domination de la dynastie mandchoue était la pire des humiliations nationales : le symbole de la libération était de laisser pousser la chevelure, suivant l'ancienne mode populaire : de là le nom de Tchang-mao ou « Longs cheveux » qui devint l'appellation commune des insurgés. Et ces Chinois purs se laissent si bien influencer par les enseignements de quelques missionnaires à demi compris et par des traités religieux de médiocre valeur qu'ils adoptent la Bible comme un livre sacré et la font partiellement traduire, qu'ils élèvent Jésus-Christ au rang de leurs dieux et reconnaissent les protestants comme « des frères en la foi ».

Ils récitent avec révérence les « dix grandes lois du ciel », qui ne sont autre chose que les dix commandements des Juifs, traduits assez exactement par eux, mais avec l'addition expresse de l'interdiction des « choses malpropres », c'est-à-dire de l'opium et du tabac. Le communisme des premiers chrétiens, réveillant en eux des impressions ataviques depuis longtemps engourdies, les aida à proclamer la mise en commun des biens et à décider la réorganisation de la propriété terrienne par des groupements de vingt-cinq familles associées sur un domaine unique.

Pendant quatorze années, les Taï-ping constituèrent un empire dans l'empire, et très certainement ils eussent réussi à changer complètement l'équilibre politique du monde chinois si, d'une part, ils ne s'étaient laissé guider par un maître aux idées incohérentes que le vertige du pouvoir avait affolé et qui, devenu l'une des personnes de la « très sainte

Trinité », ne daignait plus regarder sur la Terre, et s'ils ne s'étaient imprudemment heurtés contre les établissements européens du littoral. L'Europe préférait avoir à faire au gouvernement décrépit de Pékin dont elle connaissait les faiblesses et qui obéissait à ses ordres, que de se mettre en nouveaux frais d'astuce diplomatique pour accommoder ses intérêts à ceux d'une Chine transformée ; des troupes mercenaires de toute race, commandées par des aventuriers français, anglais, américains, les Le Brethon de Coligny, les d'Aiguebelle, les Ward, Burgewine, Holland et le noble Gordon qu'on eût désiré voir en autre compagnie, se chargèrent de réduire l'insurrection pour le compte du gouvernement mandchou. C'est donc à l'aide de l'élément européen que la Chine officielle parvint à se débarrasser d'une révolte invétérée où l'influence de l'Europe avait eu sa grande part : influence d'étrangers, si peu nombreux en comparaison de la masse prodigieuse des Chinois, influence si puissante pourtant qu'on la retrouvait à la fois dans les conseils du gouvernement et dans les révolutions de la masse profonde.

Mais les étrangers voulaient posséder une part officielle de pouvoir correspondant à leurs ambitions et, bien avant la fin de l'insurrection des Taï-ping la guerre avait éclaté. La Grande Bretagne et la France s'étaient chargées de représenter les intérêts du « monde civilisé ». Le bombardement et l'occupation de Canton, puis deux attaques successives du fort de Peï-ho et deux prises de Tien-tsin, enfin la campagne victorieuse (1869) des alliés que couronnèrent l'assaut de Pékin, l'incendie et le pillage du Palais d'été furent les principaux événements de l'invasion franco-anglaise qui établissait nettement la supériorité militaire des puissances occidentales. Après ces catastrophes, le gouvernement chinois dut s'assouplir et, successivement, suivant les exigences des ambassadeurs étrangers, de nouveaux ports s'ouvrirent au commerce européen, la liste des privilégiés s'accrut et le contrôle des douanes leur fut livré. En même temps, les missionnaires catholiques, et protestants, s'établissaient dans l'intérieur, aux endroits qui leur convenaient, et cumulaient, aux yeux de la foule, le double avantage d'être à la fois des fonctionnaires chinois et des protégés de l'étranger.

Au Japon, un changement analogue s'était produit, mais d'une manière plus simple, plus noble et plus dramatique : les résultats politiques et sociaux en furent peut-être, pendant le dix-neuvième siècle, la plus grande merveille de l'histoire, car il ne s'agit de rien moins que de l'arrachement d'une nation au cycle fermé de la civilisation orientale et de son entrée presque soudaine dans le monde européanisé. Evidemment pareille transformation ne peut s'expliquer que par une pression intérieure d'une puissance extraordinaire. On se laisse aller volontiers à croire que la sommation du commodore américain Perry, signifiée en 1853 au gouvernement japonais, d'avoir à ouvrir au commerce des Etats-Unis les ports de l'empire, fut la raison décisive de la grande révolution : elle n'en fut que l'occasion. Sans doute la république américaine, propriétaire depuis quelques années de la partie du littoral qui, dans le Nouveau Monde, fait précisément face au Japon, devait chercher anxieusement des marchés étrangers pour son nouveau port de San-Francisco ; de même la Russie et toutes les puissances européennes qui s'empressèrent d'imiter les Etats-Unis et de réclamer aussi le libre accès des ports japonais pour leurs navires avaient un intérêt majeur à trouver un débouché commercial de l'importance du Japon, mais si grande qu'ait été la force matérielle et morale développée par cette convergence d'efforts extérieurs, elle ne pouvait triompher de la politique traditionnelle du Japon, religieusement observée pendant plus de deux siècles, qu'à la condition d'être désirée par une grande partie de la noblesse féodale des *daïmio*, qui gouvernait alors, sous l'apparente domination du *siogoun* et à l'ombre sainte du *mikado*. La curiosité de la noblesse japonaise était éveillée au plus haut point : elle voulait connaître ce monde étranger qui s'était annoncé à elle par ses interventions en Chine, et surtout par ses inventions merveilleuses. A peine l'empire était-il ouvert que chaque grand seigneur japonais tenait à posséder des livres, des objets de l'industrie européenne, des machines et se faisait construire un bateau à vapeur pour visiter les criques de son domaine.

Mais le conflit devait surgir violemment entre les patriotes conservateurs et les jeunes, épris de nouveauté. La révolution intérieure qui avait eu pour conséquence indirecte l'ouverture des ports aux étrangers continua de désagréger l'ancienne organisation de l'empire, et, quinze années après l'apparition des vaisseaux du commodore Perry, il se trouva que tout était renouvelé. Le monde des commerçants, c'est-à-dire la petite féodalité que l'on peut comparer à la bourgeoisie des peuples occidentaux, était désormais en libre communication avec les importateurs de toutes les puissances civilisées ; les grands seigneurs féodaux, qui avaient fait du Japon une grande fédération d'aristocraties puissantes, devaient maintenant s'incliner devant le pouvoir central du mikado, non pas restauré dans son antique absolutisme mais transformé sur le modèle des souverains constitutionnels de l'Europe. L'imitation fut même poussée jusqu'à la puérilité, mais elle n'alla pas jusqu'à la sottise. Tout en singeant les étrangers pour leur prendre des armes et pour copier des articles de loi, en constituant une forte centralisation, les diplomates japonais ont pris grand soin d'enlever aux visiteurs européens les privilèges de la juridiction consulaire, et rien n'a pu les décider à concéder aux Européens le droit d'acquérir en toute propriété la moindre parcelle du sol : le Japonais reste maître chez lui.

En beaucoup de circonstances, le plagiat des mœurs occidentales par les Japonais est exigé par ces conventions tacites d'une tyrannie absolue qu'on appelle les convenances. Ainsi dans les villes, le port du vêtement est devenu général et obligatoire, et la tendance irrésistible est de modeler ce vêtement sur celui des Européens, quoiqu'il y ait contraste naturel des uns et des autres dans le squelette, l'attitude, la démarche, le goût artistique, l'art et les traditions. Mais, si d'une part, tant de Japonais pratiquent un mimétisme ridicule, l'ensemble de la nation qui se trouve en rapport avec les Européens se laisse aller volontiers à un nationalisme arrogant, à la conscience exagérée de sa valeur relativement aux autres peuples, même à ce laid chauvinisme qui cherche la gloire de son pays dans la honte des autres et qui fait sa joie du désastre des rivaux. Par un contraste naturel, ce sont précisément les Japonais qui se sont crus obligés d'imiter les Européens par le costume, l'étiquette, la démarche, qui éprouvent la plus grande aversion pour l'étranger ; quant à la masse de la nation, qui conserve les mœurs antiques, les vieilles traditions, les vêtements d'autrefois, elle garde aussi la bonté native et les mœurs de franche hospitalité.

Parmi les anciens cultes, celui qui se maintient le mieux est le rite *shinto*, « chemin des dieux », dont l'origine est purement nationale, puisqu'il ne faut y voir au fond que la vénération des ancêtres, c'est-à-dire de la race elle-même ; quant au bouddhisme, que l'on croyait incorporé dans le fond même de l'âme japonaise, il n'est plus guère qu'un souvenir poétique des anciens temps, une superstition comme la vague croyance aux fées et aux gnomes. En fait, les Japonais sont devenus plus Européens que les Européens mêmes ; en majorité, ils ont dépouillé le vieil homme religieux pour ne plus croire qu'aux lois déduites de l'observation des faits et du contrôle de l'expérience.

Quoi qu'il en soit, une chose est certaine, c'est que l'influence européenne s'est fait sentir d'une façon vraiment révolutionnaire au Japon, tandis qu'en apparence du moins, la puissante masse du peuple chinois aurait été moins entamée. C'est que l'énorme épaisseur continentale est beaucoup plus difficile à pénétrer que l'archipel Japonais, accessible de toutes parts. Au milieu du siècle, lorsque le royaume du Soleil Levant s'engageait déjà dans le mouvement décisif d'évolution, la Chine, dont la population était au moins décuple, pouvait opposer ainsi une force dix ou douze fois supérieure aux éléments étrangers de transformation : c'est ainsi qu'un liquide coloré finit par disparaître dans une grande quantité d'eau transparente.

Entre l'archipel Japonais et le continent d'Asie, la péninsule de Corée se trouvait, en vertu même de sa position géographique, placée, par les événements qui s'étaient accomplis au milieu du siècle, dans une situation politique tout à fait équivoque et indécise. Quoique de grande étendue et d'une forme très bien limitée, lui assurant une individualité parfaite, cette péninsule n'avait pu échapper aux invasions successives et alternantes des deux empires qui la tenaient comme dans une mâchoire. La prise de Péking par les alliés et l'humiliation définitive de l'empire écarta désormais pour la Corée le danger de la domination chinoise, mais la Chine laissa la place à une puissante héritière qui, à son tour, disputa au Japon le rôle prépondérant dans la gérance future de la Corée et se voit éliminée de nos jours sur les champs de batailles de Mandchourie. Un demi-siècle d'intrigues et de machinations diplomatiques rappelant un jeu d'échecs par la série des coups, dont les ministres et les consuls, les commerçants et les missionnaires étaient les pièces, ont donné la suprématie tantôt à l'un, tantôt à l'autre gouvernement ; la Corée, comme le Maroc, comme la Perse, comme le pays de Siam, n'est qu'une proie disputée par des puissances avides.

Tandis que l'influence européenne travaillait avec des succès inégaux, mais irrésistibles, à pénétrer toutes les régions de l'Extrême Orient qui jusqu'alors lui étaient restées complètement soustraites, Chine, Japon, Corée, une partie méridionale du littoral tourné vers l'Insulinde était purement et simplement annexée comme territoire de conquête par l'une des puissances européennes. La France, dont les politiciens entreprenants regrettaient la part de l'empire indien passée au dix-huitième siècle sous la domination de la Grande Bretagne, voulait une revanche en d'autres « Indes ». En 1859, elle commença l'œuvre de conquête par l'occupation de Saïgon, sur un des fleuves latéraux du bas Mekong, et, successivement, de proche en proche, par les armes et la diplomatie, toute la moitié orientale du corps de l'Indochine fut explorée, cartographiée et annexée à l'empire colonial français. Peuples pacifiques, ayant reçu de la Chine leur éducation morale, les habitants de la Cochinchine, de l'Annam, du Tonkin ne résistèrent que faiblement et, s'ils avaient été traités avec justice, ce que, d'ailleurs, il serait absurde de demander à des conquérants, ils n'eussent point résisté du tout : agriculteurs attachés à la glèbe, ils paient l'impôt à qui l'exige, et, par leurs millions de travailleurs, par la régularité de leurs efforts, la richesse du sol cultivé, fournissent de grandes ressources économiques à la puissance qui les exploite. Malgré l'incohérence des régimes de gouvernement qui se sont succédé, l'Indochine française prend une importance très rapidement accrue dans le monde de l'Extrême Orient.

La péninsule Malaise, qui se rattache au corps continental de l'Indochine, entre le golfe de Martaban et celui de Siam, se trouve forcée, par son orientation relativement au détroit de Malacca, à rester quand même beaucoup plus indienne que chinoise : rien n'a changé à cet égard depuis que « la lumière rayonnait de l'Inde ». C'est qu'en ces passages, la voie de navigation nécessaire longe le littoral occidental de la presqu'île pour se glisser dans la manche de Malacca et contourner Singapur ou les îlots voisins, pour s'élancer ensuite librement, soit au nord vers Bangkok, soit au nord-est vers les chemins de la Cochinchine ou de la Chine, soit encore à l'est ou au sud-est vers les terres dispersées de l'Insulinde. Aussi est-il facile de s'expliquer pourquoi les puissances européennes, dans leur prise de possession graduelle du globe, ont commencé l'annexion de l'Indochine par la côte occidentale. Déjà en 1511, les Portugais s'emparèrent de la cité de Malacca, qui, grâce à sa position sur un des points les plus étroits du chenal, était devenue le principal rendez-vous des navigateurs et, depuis plus de deux siècles, avait imposé sa « coutume » à tous les pilotes de la Malaisie. Les Hollandais, puis les Anglais succédèrent aux Portugais comme dominateurs de Malacca, l'Angleterre s'attribua successivement l'île de Pulo-Pinang et le territoire opposé de Wellesley, sur la Péninsule, ensuite l'île de Singapur, les territoires de Perak, de Salangor, et les Negri-Sembilan ou « neuf Etats » avant d'établir son pouvoir à Pehang, sur la côte orientale : c'est en 1888 seulement, près de quatre siècles après l'arrivée des Européens dans la péninsule, qu'ils prirent pied sur les plages tournées vers la mer de Chine.

La date décisive qui marqua l'annexion définitive de toutes les côtes de l'Océan à la domination européenne fut l'année de la révolte dite des « cipayes ». Jusqu'alors la compagnie des Indes avait doublement profité de la puissance de ses capitaux, d'un côté pour accroître savamment dans la péninsule le rendement des impôts, de l'autre pour dominer le Parlement anglais et se faire donner par le budget les forces militaires dont, elle avait besoin pour arrondir et consolider ses conquêtes. Cependant l'immensité des intérêts engagés dans la domination d'un aussi vaste empire avait obligé le gouvernement britannique à se substituer graduellement comme législateur à la compagnie, et le transfert ne s'accomplissait point sans heurts et faux mouvements qui diminuaient le prestige des maîtres aux yeux de la multitude des sujets. C'est alors, en 1857, que fut introduite imprudemment dans les régiments indigènes de l'Inde une nouvelle arme, la carabine Enfield, dont les cartouches étaient graissées de lard : du coup, Hindous et Musulmans, que séparait une haine traditionnelle, soigneusement entretenue par leurs chefs, se trouvèrent réconciliés ; les adorateurs de la vache et les maudisseurs du porc, violentés les uns et les autres dans leur foi et leurs pratiques religieuses, furent en même temps poussés à l'indiscipline et à la révolte. Un premier soulèvement eut lieu dans les cantonnements de Mirath ; mis en fuite, les cipayes rebelles ne s'emparèrent pas moins de Delhi, la ville centrale de l'Hindoustan, le point de convergence de ses grandes voies commerciales et le point stratégique par excellence du double versant de l'Indus et du Gange, en même temps que le siège symbolique de l'empire. Tous les mécontents, encouragés par mille de ces prodiges et prophéties qui surgissent toujours pendant les périodes critiques, crurent que le grand jour du renversement était arrivé et s'insurgèrent à leur tour : on comprit que le destin de l'Angleterre dépendait de la possession de Delhi vers laquelle se dirigeaient les combattants. Mais le cercle de l'insurrection se trouva limité, il ne s'étendit pas dans le Pendjab et n'empiéta que légèrement sur les présidences de Madras et de Bombay ; la plupart des princes médiatisés restèrent fidèles au gouvernement qui les pensionnait, et les Afghans se bornèrent à contempler l'assaut du haut de leurs montagnes. Les Anglais eurent l'avantage et reprirent Delhi après quatre mois de siège, mais la guerre dura plus d'une année avec des succès divers accompagnés de massacres et de cruautés monstrueuses. Naturellement les « civilisés » qui furent les vainqueurs réprouvent les crimes de leurs adversaires et se félicitent de leur propre énergie dans la politique de terreur et d'extermination sans pitié.

La compagnie des Indes disparut dans le fracas, et, par sa proclamation du 1er novembre 1858, la reine Victoria prit directement le pouvoir. L'Angleterre assuma donc toute responsabilité dans la bonne ou mauvaise gestion de l'immense empire qui, à l'époque de la reprise, n'avait pas moins de 220 millions d'habitants. Mais comment une responsabilité prise de si loin et en parfaite ignorance de cause aurait-elle pu s'appuyer sur une gérance vraiment honnête et scrupuleuse des intérêts de ce peuple immense ? D'abord, c'eût été une singulière illusion de croire que la nation anglaise elle-même pouvait prendre, en franche solidarité, la défense de populations asiatiques dont les mœurs sont si différentes des siennes.

Petits bourgeois et multitudes de prolétaires commençaient à peine de s'agiter pour leur propre libération ; non encore arrivés au sentiment de sympathie qui eût du les rattacher à leurs frères irlandais du Royaume Uni, on ne pouvait espérer qu'ils sentissent les injustices commises contre les Hindous comme celles dont ils étaient les victimes. C'est à la caste politique supérieure qu'ils s'en remettaient du bon gouvernement de ces colonies lointaines, et, dans cette caste on déléguait naturellement le souci des choses de l'Inde à quelques spécialistes, c'est-à-dire aux personnages mêmes que leurs fonctions de grands chefs ou de capitalistes avaient fait les oppresseurs de l'Inde et les usufruitiers de ses richesses : en réalité l'ancien régime de la Compagnie se maintenait sous des apparences nouvelles, l'aristocratie britannique gardait sa proie.

Cependant la révolte avait réellement changé quelque chose dans l'équilibre général des populations hindoues : elles avaient eu comme un pressentiment lointain de l'unité nationale. Certes, parmi les cipayes insurgés, appartenant à toutes les races et ne se comprenant mutuellement que par l'emploi d'un jargon militaire, il ne pouvait être question du sentiment qu'on appelle « patriotisme » en Occident. Les révoltés de l'Inde, Vichnouïtes, Sivaïtes, ou Musulmans, Mahratti, Radjpoutes ou Bengali, n'auraient pas compris un cri de revendication de « l'Inde aux Indiens ! » ou de « l'Inde unie ! » analogue à celui qui avait associé toute la bourgeoisie italienne en une même nation ; bien moins encore auraient-ils pu répéter comme les Allemands : « Notre terre s'étend aussi loin que résonne la langue ! » Ce qui les avait unis, ce n'était point l'amour filial pour le sol nourricier ni le sentiment de solidarité cordiale avec des compagnons d'existence et de travail : c'était la rancœur des souffrances subies en commun, c'était la haine contre l'étranger méprisant et brutal, enfin l'incompatibilité totale de vie et de compréhension mutuelle avec des êtres d'une caste absolument distincte. Et pourtant, de ce patriotisme tout négatif, nécessitant une active collaboration d'efforts, une sympathie passagère dans les fatigues, les batailles, la captivité et la mort, naquit un certain patriotisme hindou, embrassant vaguement contre l'Anglais des gens d'origine diverse, séparés par des haines et des traditions héréditaires. De la défaite même surgit la pensée d'un futur triomphe auquel prendraient part toutes les populations de cette immense contrée dont on connaît maintenant d'une manière de plus en plus précise la merveilleuse individualité géographique entre le rempart des monts presqu'infranchissables du nord et les deux mers qui se rejoignent au sud. Le réseau de chemins de fer et de routes, dont, les nécessités stratégiques et le besoin du commerce ont couvert la péninsule depuis la grande révolte, a donné à cette unité géographique de l'Inde une valeur qu'elle ne pouvait avoir à une époque encore récente, lorsque les immenses étendues de l'Asie et de la Dravidie devaient paraître à leurs habitants comme un monde sans bornes.

En dépit des races, des langues et des castes, l'Inde est en voie de se faire « une », comme se fit l'Italie, et de se donner une élite de vouloir et d'action qui crée la nationalité d'éléments incohérents naguère. Cela suffit :

ce fut toujours une infime minorité qui détermina le mouvement dans la masse profonde et sans vouloir des foules sous-jacentes.

Les langues et la question des nationalités[3]

Analyse critique

La différence de langues est souvent évoquée comme l'un des facteurs importants de la constitution des groupements nationaux.

Les langues, dit Schleicher, sont comme des organismes naturels qui naissent, croissent, se développent, vieillissent et meurent. Elles manifestent donc, elles aussi, cette série de phénomènes qu'on définit habituellement sous le nom de *vie*. Le langage a donc une existence propre. Il a son siège dans notre intelligence ; l'on ne saurait le concevoir ailleurs. S'il nous a précédés et nous survit, c'est qu'il existe dans l'intelligence de nos concitoyens comme dans la nôtre, c'est qu'il a existé avant nous chez nos parents, et à notre tour nous le transmettons à nos enfants. Il est fait du consentement de beaucoup d'intelligences, de l'accord de beaucoup de volontés, les unes

---

[3] Basé sur les travaux de Michel Bréal, dans *Le Langage et les nationalités*.

présentes et agissantes, les autres depuis longtemps évanouies et disparues. Ce n'est pas diminuer l'importance du langage que de lui reconnaître seulement cette existence idéale : c'est, au contraire, le mettre au nombre des choses qui occupent le premier rang et exercent le plus d'influence dans le monde, car ces existences idéales - religions, lois, traditions, mœurs, - sont ce qui donne une forme à la vie humaine. Nous en subissons ordinairement l'action, quoique nous ayons toujours au fond de nous mêmes le pouvoir de nous en affranchir.

La langue en est venue à être présentée comme une sorte de marque de fabrique imposée par la nature aux différents groupes ethniques. Cette manière de voir a, comme on sait, trouvé écho dans la politique, où, en s'aidant plus ou moins du secours de l'ethnographie et de l'histoire, elle a servi de fondement à la théorie des nationalités.

Nous rencontrons ici ce principe des nationalités dont il a été tant parlé. Est-il vrai que la langue doive avoir cette importance prépondérante ?

Tous les conflits, depuis de nombreuses années, ont pris plus ou moins l'aspect d'une querelle de nationalité[4], de même qu'à certaines époques toutes les maladies se compliquent de la forme de l'épidémie régnante. Le mal s'est étendu jusqu'à l'Asie, où l'on a vu naître une question arménienne.

Une première raison est tirée de l'influence que le langage exerce sur l'esprit : « Les hommes, dit Fichte, sont beaucoup plus formés par la langue que la langue n'est formée par les hommes ». « Entre l'âme d'un peuple et sa langue, dit à son tour Guillaume de Humboldt, il y a identité complète ; on ne saurait imaginer l'une sans l'autre. »

Réduite à ces limites et comprise en quelque sorte dans le sens défensif, cette manière de voir ne manque pas de justesse.

---

[4] Au moment où l'auteur écrivait ce texte, des conflits liés aux problèmes de nationalités ravageaient de nombreuses régions du monde. On notait entre autres, des conflits entre les Tchèques et les Slovaques, entre les Magyars et les Croates ; en Belgique ; en Italie ; en Russie et en Allemagne.

Nous reconnaissons dans les paroles de Humboldt et de Fichte l'impression encore fraîche d'hommes au cœur fier, qui venaient d'être témoins de l'humiliation de leur patrie et qui avaient pu croire un moment la tradition nationale menacée. Les représentations dramatiques d'Erfurt les avaient peut-être blessés autant que les bulletins de victoire et les contributions de guerre. Que des hommes ayant le même passé, les mêmes coutumes, les mêmes aspirations, prennent l'identité de la langue à témoin de leur identité morale et, au nom de cette communauté s'étendant à tous les moments de leur vie, réclament le droit d'être réunis sous les mêmes lois : en cela, ils ne détournent pas le langage de son vrai rôle, puisqu'il ne figure point pour son propre compte, mais comme preuve à l'appui d'un ensemble de faits, comme expression visible de l'unité des sentiments et des volontés. Quand, il y a plusieurs décennies, le petit peuple des Grecs dit à ses oppresseurs : il n'y a rien de commun entre nous et vous, ce n'est pas seulement au nom de la langue qu'il se souleva, mais au nom de principes et d'idées qui touchaient aux racines mêmes de l'existence.

Mais on devine déjà qu'il en serait autrement si la langue, indépendamment de toute autre considération, était tenue pour le signe nécessaire et suffisant des nationalités. Une telle manière de voir, qui, en apparence, rehausserait l'importance du langage, aurait au contraire pour effet d'en amoindrir la dignité. Comme on l'a dit, ce serait l'introduction dans la politique des procédés de la zoologie. Ce qui constitue les nations, c'est quelque chose de plus profond et de plus intime que la ressemblance du vocabulaire. Il importe peu que la langue soit la même si l'esprit est différent : la facilité de communication ne fait alors que mieux accuser la divergence des cœurs.

« Le fait a prouvé, disait un ancien ministre du royaume d'Italie, qu'il ne faut pas chercher dans l'histoire ou la langue d'un peuple à quelle nationalité il appartient ; c'est à sa conscience qu'il faut le demander. C'est la conscience seule qui dit de quelle nation il est.»

La mutuelle sympathie, qui souvent se nourrit des différences autant que des ressemblances, le commun souvenir des bons et des mauvais jours, la ferme et persévérante résolution de vivre ensemble et de partager, quoi qu'il coûte, le même sort, on ne doit pas chercher ailleurs ce qui constitue l'âme d'une nation.

L'abus est si près de l'usage qu'un signe qui tirait toute sa valeur du consentement de la partie intéressée a été tourné en arme contre elle. Il est devenu dangereux pour une population de parler la langue de quelque puissant voisin, ou de parler seulement une langue qui ait avec celle du voisin une lointaine affinité. On ne saurait dire qu'il y ait là un progrès, s'il est vrai que le progrès consiste à affranchir peu à peu les hommes des servitudes que résument en eux les mots de race et de naissance. Décider, contre leur gré, du sort des générations nouvelles d'après un critérium de cette espèce, c'est subordonner leur destinée à la destinée d'ancêtres depuis longtemps disparus et diminuer la somme de liberté et de raison qui commence à exister dans le monde.

Nous voyons ici la conséquence de la théorie naturaliste du langage : non-seulement le développement de la parole est soumis à des lois fatales, mais l'homme est fatalement rivé à la place que lui assigne son langage. Il semble qu'une tendance de notre époque soit de s'arrêter de préférence aux côtés par où l'homme ne s'appartient pas : on dirait qu'il s'agit de le faire rentrer dans le sein de ce grand univers dont il a eu tant de peine à se distinguer. Sans vouloir discuter le problème de la liberté humaine, nous pensons qu'il ne faut pas restreindre, comme si elle était trop grande la part d'initiative que l'homme civilisé a la conscience d'avoir conquise.

La réalité donne quelques éclatants démentis à la théorie naturaliste du langage : les faiseurs de systèmes sont avertis de cette manière que leur loi est tenue en échec par quelque autre loi supérieure. Jersey et Guernesey, quoique parlant normand, le pays de Galles, quoique parlant celte, ne demandent pas à se séparer de la Grande-Bretagne. L'Alsace, qui avait conservé son ancien parler germanique, était la plus fidèle et la plus patriote de nos provinces françaises. Il faut observer à ce propos que les patois se maintiennent surtout là où ils sont enveloppés et comme baignés dans une langue étrangère. Quand les Allemands entrèrent en Alsace, ils furent frappés de l'archaïsme du dialecte alsacien, et ils affectèrent d'y voir un signe d'attachement à la patrie allemande. Le fait tenait simplement à ce que l'administration et l'école étaient françaises. Aujourd'hui que les environs de Metz sont soumis à l'Allemagne, le vieux patois lorrain a repris dans les villages avec une nouvelle recrudescence.

Sur les frontières des différentes nations de l'Europe, il a toujours existé des régions mixtes où les mœurs, les habitudes, le langage tenaient à la fois de deux pays. Il y avait là comme des lieux d'élection pour la fusion des races et l'échange des idées. Les populations qui bénéficiaient de cette position intermédiaire comptaient parmi les plus intelligentes et les plus éclairées. À ce système, il semble qu'on veuille substituer celui des séparations tranchées. En passant d'un pays à l'autre, on changera subitement de méridien au moral comme au physique. L'école, au lieu de rester un moyen de rapprochement, est devenue un instrument de combat : la pédagogie moderne a découvert qu'il était impossible d'apprendre deux langues à un enfant. Encore si l'enseignement donné des deux parts était la science inoffensive de l'école d'autrefois ! mais les moyens raffinés d'aiguiser le patriotisme dont notre siècle s'est avisé sont pratiqués des deux parts. Les inconvénients de toute école close, les dangers de l'école confessionnelle d'autrefois se retrouvent ici avec cette circonstance aggravante que les deux parties se privent par avance des moyens de dissiper leurs préventions et que des deux côtés il se forme, pour nourrir le différend, une littérature de journaux et de livres inintelligibles et inconnus au voisin.

Mais le XIXe siècle ne devait pas seulement voir déclarer cette guerre des langues sur les frontières : elle a éclaté au sein même de certaines nations dont elle complique l'existence et compromet l'unité. Par une ironie du sort, c'est surtout là où régnait la langue allemande que ces difficultés se sont présentées. Peut-être est-ce l'importance qu'elle avait coutume de s'attribuer qui lui a suscité des rivales. Peut-être le plus sûr moyen d'éviter ces conflits est-il de faire allusion le moins possible à un sujet qui ne devrait pas sortir des salles d'étude des universités. Il en est du langage comme de certains organes de notre corps : à y trop penser, c'est déjà un signe de malaise.

On peut remarquer que la guerre des langues naît et se développe, surtout dans les pays où a régné longtemps une certaine apathie politique : rien n'est plus favorable à ces sortes de compétitions que la somnolence de la vie intellectuelle. Le meilleur préservatif est le mouvement des opinions et l'activité des idées. La révolution française a eu chez nous (en France) pour effet d'enlever d'avance toute portée politique à des questions de cet ordre : nous sommes divisés sur des sujets trop sérieux, trop profonds, pour nous grouper selon les données d'une carte linguistique. Il en est de même pour l'Angleterre : ce n'est pas au nom de leur idiome que les Irlandais réclament leur indépendance ; ils renoncent au contraire à leur vieille langue celtique et apprennent l'anglais pour mieux discuter avec leurs adversaires une thèse moderne de droit et de liberté. En Suisse, la différence des langues, loin d'être un dissolvant, est devenue une cause d'émulation et de progrès.

Aussi ne saurait-on assez blâmer les hommes qui essaient d'implanter des divisions de cette espèce chez des peuples jusque-là occupés de plus utiles objets. Voyons quelques exemples. Dans un article allemand intitulé *La guerre des langues et des races en Belgique*, l'auteur, devenu député à Berlin, expose comment il s'y est pris pour recruter en Belgique un parti flamand. Jusque-là les rares partisans de la langue flamande se contentaient de réclamer une place au soleil, place que personne ne songeait à leur disputer. Mais cela ne faisait pas le compte du journaliste. Il conseilla l'organisation en parti, la lutte électorale avec la langue pour devise, une guerre en règle jusqu'au triomphe ou jusqu'à l'extinction. Les choses, continua-t-il, n'allèrent pas très bien d'abord, car on se heurtait a un obstacle imprévu. Les Belges se divisaient jusque-là en libéraux et cléricaux ; et, voyez la mauvaise chance ! les libéraux étaient généralement ceux qui parlaient français, ceux qui parlaient flamand étaient en plus grand nombre les cléricaux. Il fallut quelque temps pour substituer à l'ancien classement un classement conforme au nouveau programme.

Une fois un débat de ce genre introduit dans un pays, il passe à l'état d'idée fixe. Non seulement l'école, mais les tribunaux, les lois, la chambre, les actes de l'état civil, l'administration, l'armée en deviennent le théâtre : on demande la séparation jusque dans les monnaies, les timbres-poste, les billets de banque. Il est dans la nature d'une guerre de ce genre de ne pouvoir s'arrêter. Par une justification imprévue de l'apologue d'Ésope, la langue, chose sociable par excellence, se change en une cause permanente de discorde. On a vu, en Belgique, des avocats prononcer, par simple dilettantisme flamingant, leur plaidoirie en flamand, puis redresser en excellent français les erreurs de l'interprète qui traduisait leur harangue aux juges.

La centralisation, vers laquelle tous les états sont plus ou moins entraînés, est en opposition directe avec ce principe, puisqu'elle met tous les membres de la nation en un contact de tous les moments. Quand la conquête enlevait une province à l'empire de Darius, c'est à peine si les autres parties du royaume s'en apercevaient ; aujourd'hui, les citoyens d'un État sont reliés entre eux par tant de nerfs et de fibres que l'introduction du principe ethnique porte le trouble dans tous les actes de la vie. Il a le tort de mettre la forme au-dessus du fond, les mots au-dessus de la pensée, et l'enveloppe à la place du contenu. Appliqué à une nation libre, il fait l'impression d'un anachronisme. C'est de la même fabrique d'idées qu'est sorti le mouvement antisémite. Un éminent philologue anglais, M. Sayce, a dit justement : *The cry of nationalities was really a backward step.*

Il semble que, sur ce chapitre, notre époque ait quelque chose à apprendre du temps passé. Les Romains, qui se connaissaient en matière de conquête et de domination, n'ont jamais imposé leur langue. Mais le Gaulois, en apprenant à manier le latin, avait la conscience de monter en dignité. Le sénat romain accordait aux cités de l'Italie le droit de rédiger leurs actes en latin comme un honneur et comme une récompense. Cet ascendant s'est imposé partout, en Italie, en Gaule, en Espagne, en Dacie, excepté quand les légions romaines se sont trouvées en présence du monde grec : tant il est vrai que la langue emprunte sa force et son prix à l'idée qu'on s'en fait et à la culture qu'elle représente.

*

Le principe des nationalités a généré beaucoup de conséquences dans le monde. A la pensée de ce qu'il réserve à tous, on éprouve quelque chose de l'inquiétude que la révolution française, à mesure qu'elle développait ses conséquences, répandait autour d'elle. Par ses attaches naturalistes, le nouveau principe devait attirer les hommes de science. Il satisfait, d'un autre côté, les instincts des masses, en rompant avec les formes traditionnelles et en accordant le dernier mot au nombre. Il constitue un stimulant pour les jeunes nationalités, qu'il pousse à étendre et à montrer en pleine lumière leurs aptitudes. Enfin, il peut servir à réparer les injustices de l'histoire, à effacer les anciens abus de la force.

Mais voici maintenant le revers de la médaille : par certains côtés, le principe des nationalités est en opposition avec les idées de liberté proclamées par la révolution française, laquelle ne connaissait que l'homme abstrait, et avait lait profession d'en finir avec les divisions superficielles. Il se produit en un temps où les découvertes de la science, les entreprises de l'industrie appelleraient plutôt le groupement des peuples que leur séparation ; en un temps où les aspirations des classes laborieuses, non moins que raffinement de la conscience publique, font paraître les luttes de peuple à peuple chose arriérée et barbare. Tout pays présente une minorité plus ou moins nombreuse qui tient à honneur de surmonter les préjugés imposés par le temps et le lieu : l'accord de ces minorités a constitué jusqu'à présent l'opinion publique en Europe et a été le principal véhicule du progrès. Ces minorités, la théorie des nationalités a pour résultat de les annuler. Est-il nécessaire enfin d'ajouter que ce serait une singulière illusion de voir dans l'identité du langage une promesse d'union et de paix ? Il faudrait avoir oublié que les guerres fratricides sont les plus acharnées et les plus cruelles. Ce n'est pas la différence d'idiome qui a détaché les États-

Unis de l'Angleterre, ni qui a failli couper en deux la grande république américaine. L'amitié ou l'antagonisme des peuples a des causes plus effectives et plus profondes.

Il est difficile de dire quel sera le sort de la théorie des nationalités dans l'avenir. Peut-être tombera-t-elle sous les conséquences paradoxales auxquelles elle conduit. En effet, quand une fois l'attention est tournée de ce côté, de nouveaux dialectes se découvrent l'un après l'autre et réclament leur droit à l'existence. Vainement les auteurs du mouvement essaient-ils de protester, disant que tous n'ont pas la même valeur, que quelques particularités de prononciation, quelques développements de la déclinaison ou de la conjugaison ne constituent pas une langue ; qu'il y faut des traditions, une littérature, des penseurs ; que parmi les espèces d'arbres fruitiers celles-là seules méritent d'être cultivées, dont les fruits nous fournissent un aliment nourrissant et agréable. On a fait de répondre à l'objection des traductions, des chants populaires, originaux ou imités, des journaux, ne tardent pas à former un commencement de littérature. Le dialecte promu au rang de langue officielle est alors obligé à son tour de déclarer que la condition ordinaire des dialectes c'est d'être absorbés ; qu'une certaine variété d'origine ajoute à la force et à la beauté d'un idiome ; que pour toute œuvre nationale il faut de l'union et de l'abnégation...

On ne doit pas regretter que le rêve d'une langue universelle, comme nos pères l'avaient conçu, ne se soit pas réalisé : la pluralité des langues littéraires, c'est la tâche de la civilisation répartie à différents ouvriers. Qui se figurerait Shakespeare autrement qu'en anglais ? Qui voudrait que Goethe eût suivi le conseil qui lui fut donné à vingt ans d'aller s'établir à Paris ? Les moyens d'expression trouvés par un idiome, si ce ne sont point de purs jeux, ne tardent pas à devenir la propriété de tous. Quand plusieurs littératures se développent l'une en face de l'autre, les partis-pris exclusifs se corrigent plus facilement. Mais s'il est souhaitable qu'il y ait variété et émulation, on ne doit pas désirer que le moyen soit pris pour le but et que les idiomes deviennent leur propre fin à eux-mêmes. Pour qu'une littérature nouvelle se produise, il faut un certain ensemble de circonstances qui ne se laisse pas créer à volonté. Il est juste d'honorer en tout lieu l'attachement aux ancêtres : mais une langue sans œuvres originales est comme un pays dépourvu de beautés naturelles et privé de souvenirs historiques ; à moins de nécessité, nul n'en recherche le voyage. Une trop grande division amènerait l'émiettement. Pour nous rendre compte avec impartialité des conséquences du principe, transportons-le dans le passé. Virgile, étant de Mantoue, aurait dû écrire son *Énéide* en ombrien. Horace, né à Venouse, devait composer ses odes en osque. Assurément, s'ils l'avaient fait, nous serions encore heureux de posséder leurs œuvres : ni l'un ni l'autre dialecte ne manquait d'une certaine culture. Mais peut-on leur en vouloir d'avoir préféré une langue depuis longtemps répandue sur un grand État, déjà maniée par des esprits supérieurs, et de s'être ménagé à eux-mêmes cet accroissement de force que donnent la présence de rivaux et le voisinage de juges compétents ?

Nous citerons pour finir les paroles d'un esprit vraiment moderne, d'un homme qui, vivant au centre d'un pays agité par la guerre des langues, est bien placé pour observer ce que cette lutte a tantôt de juste et tantôt de factice : « Aucune originalité nationale, dit M. Hugo Schuchardt, ne survit, au sens où elle le voudrait ; mais aucune ne périt tout à fait, si elle a servi aux fins suprêmes de l'humanité. »

Notice historique des conflits liés à la question de nationalité

1830.
29 novembre; insurrection de Varsovie et de la Pologne.

1831.
3-17 février ; émeutes à Modène, Bologne, etc.
13 février et 16 septembre, émeutes à Paris.
8 septembre ; prise de Varsovie.

1832.
21 mai, Mehemet-Ali prend Saint-Jean-d'Acre et, le 21 déc., défait l'armée turque à Konieh.

1833.
8 juillet, traité d'Unkiar-Skelessi, livrant les détroits turcs à la Russie.

1834.
9-13 avril, insurrection des Canuts à Lyon et massacre de la rue Transnonain à Paris.

1835.
28 juillet ; attentat de Fieschi.

1836.
Octobre ; Louis-Napoléon à Strasbourg.

1839.
12 mai, émeute à Paris.
24 juin, Mehemet-Ali est vainqueur des Turcs à Nezib.

1840.
6 août, Louis-Napoléon à Boulogne.
Les puissances interviennent en Orient et, le 11 septembre bombardent Beïrut.

1841.
13 juillet ; un traité international rend les détroits à la Porte.

1843 à *1845* ; soulèvements multiples en Italie.

1846.
18 février, émeute à Cracovie ; jacquerie en Galicie.

1848.
3 janvier ; émeute à Milan.
29 janvier - 15 février ; les Napolitains et les Toscans obtiennent une constitution.
10 février ; émeute à Munich.
24 février, Révolution à Paris
23-26 juin, journées de guerre civile à Paris.
10 décembre ; Louis-Napoléon élu président.

1848.
14 avril, à Franckfort, des bandes révolutionnaires apparaissent à Donauschingen ; durant quinze mois, le pays de Bade est en ébullition.
18 mai, première séance du parlement allemand.
10 juillet, armistice entre la Prusse et le Danemark, provoquant à Francfort, par contre-coup, l'émeute du 18 sept.

1848.
CONFÉDÉRATION : 2-7 mars, mouvements à Stuttgart, München, Hanovre, Francfort, Hambourg, Carlsruhe, Mannheim, Heidelberg, etc. ; constitutions accordées à Saxe-Weimar, Nassau, Hesse-Darmstadt, etc. — VIENNE : émeute le 13 mars ; état insurrectionnel durant plusieurs mois ; l'empereur s'enfuit le 15 mai et de nouveau le 7 octobre, la période révolutionnaire est close par la prise de Vienne, le 1er nov.
18 et 19 mars, à Berlin, on se bat dans les rues de la capitale prussienne ; un ministère libéral vit jusqu'en novembre.
19 mars ; soulèvement à Prague, la ville est reprise le 17 juin.
A Milan, les Autrichiens sont chassés le 19 mars ; Venise se soulève le 22 mars ;
24 mars, à Schlesvsig, les Allemands chassent les autorités danoises ; en avril, l'armée prussienne vient rétablir l'ordre.
Avril-mai, insurrection des Polonais de Prusse.
19 novembre, Rome, fuite de Pie IX.

1848.
Hongrie
Avril-mai, soulèvement des Serbes, Croates et Roumains contre les Magyars ; hostilités dès juin.
29 septembre, première bataille entre Autrichiens et Hongrois
31 décembre, ceux-ci évacuent Budapest.

1849.
27 fév., défaite des Hongrois à Kapolna
6 avril, victoire à Godollö, puis le 9 à Vacz et le 19 à Nagy-Sarlo
21 mai, les Hongrois reprennent la forteresse de Budapest
17 juin, entrée des Russes en Hongrie
28 juil., les Hongrois proclament enfin l'égalité des races
11 août, Gœrgei devient dictateur et capitule le 13 à Vilàgos.

1849.
9 fév., Rome proclame la République ; les Français débarquent à Civita-Vecchia le 24 avril et, malgré l'émeute du 13 juin à Paris, prennent Rome le 30 juin.
Florence est en révolution du 16 févr. au 26 mai.
23 mars, les Autrichiens battent les Piémontais à Novare.
1er avril, prise de Brescia et massacre.
28 mars, Le roi de Prusse est élu empereur d'Allemagne par le parlement de Francfort ; il refuse le 28 avril.

20-30 juin, combats dans le pays de Bade.
23 juil., reddition de Rastadt, le 27 août de Petrovaradin, le 28 août de Venise, le 27 sept, de Komorn.

www.ingramcontent.com/pod-product-compliance
Lightning Source LLC
Chambersburg PA
CBHW020011050426
42450CB00005B/424